SOMMAIRE

LA SYRIE ANTIQUE

Maurice Sartre

DÉCOUVERTES GALLIMARD
HISTOIRE

Tout se joua en une seule bataille. En novembre 333, dans la plaine d'Issos, à l'extrême nord-est de la Méditerranée, Alexandre s'est laissé surprendre par un mouvement tournant de l'ennemi et se retrouve dos aux Portes syriennes. Mais, au soir de la bataille, il reste maître du terrain et même du camp de Darius, avec ses femmes et ses trésors. Darius choisit de fuir vers l'est, en Mésopotamie, afin d'y lever une nouvelle armée. La Syrie tout entière s'offre à Alexandre.

CHAPITRE 1

TROIS MILLÉNAIRES D'HISTOIRE

Au contact de la Méditerranée et de la Mésopotamie, la Syrie mêle des influences diverses dès le IIIe millénaire. Ainsi, la statue de l'intendant Ebih-il, trouvée à Mari, est-elle directement liée à la civilisation sumérienne qui se développe alors en basse Mésopotamie et dont la cité de Mari représente le poste le plus occidental.

Ainsi débutent mille ans de domination politique, économique et culturelle des Grecs puis des Romains, dont le pays porte les traces multiples, d'Antioche à Bostra, d'Arados à Doura-Europos. Mais ces mille ans ne sont qu'un moment d'une histoire bien plus longue.

Lorsque Alexandre s'empare du pays, celui-ci a déjà vu passer tant de conquérants, tant de peuples divers et désormais mêlés qu'aucune raison n'impose de considérer cette nouvelle conquête comme plus marquante que les autres. Sans remonter plus d'un demi-millénaire en arrière, le pays a successivement été dominé par les Assyriens (VIIIe-VIIe siècles), par les Babyloniens (609-539), par les Perses (539-333). Au moment de la conquête macédonienne, il y a bien longtemps que les habitants de la Syrie ont perdu l'habitude de l'indépendance.

Le carrefour syrien : IIe-Ier millénaire

Il faut remonter plus loin dans le temps pour prendre en compte les différentes composantes de la population. Car la Syrie se trouve être au carrefour des empires et des peuples. Des empires qui ont souvent tenté de la dominer, et parfois réussi : au nord, l'empire des Hittites durant de longues périodes au IIe millénaire ; à l'est, les Akkadiens de Sargon déjà vers 2300, puis les Hourrites du Mitanni (vers 1500) et les Assyriens dès le XIIIe siècle ; au sud, les Égyptiens qui n'ont cessé de considérer le contrôle des États syriens comme la condition même de la sécurité de l'Égypte. Sur la côte méditerranéenne, Byblos leur sert de tête de pont dès le IIIe millénaire et, à plusieurs reprises dans le courant du IIe millénaire, des expéditions égyptiennes établissent un contrôle nominal sur les régions méridionales, et parfois jusqu'à l'Euphrate.

Ce gigantesque tertre ceinturé de murailles marque l'emplacement d'Ébla (tell Mardikh), capitale d'un royaume actif dès le IIIe millénaire, à mi-chemin entre la Méditerranée et l'Euphrate. Sur la côte, notamment à Byblos, la présence de l'Égypte se maintient jusqu'au début du Ier millénaire comme en témoigne le buste du pharaon Osorkon Ier (912-874), dédié à la Maîtresse de Byblos par le roi Elibaal.

L'histoire tourmentée du IIe millénaire n'a pas empêché la Syrie de maintenir des structures politiques relativement autonomes, sous la forme de royaumes plus ou moins étendus, mais au prix de bien des sacrifices : la tutelle reconnue des grands empires oblige à de lourds tributs, et chaque révolte entraîne des guerres désastreuses pour les royaumes syriens. Plusieurs disparaissent, tel Ébla vers 1600, ou sont ruinés.

La cité, unité politique de base

Le trait le plus marquant de l'histoire de la Syrie durant ces deux millénaires est sans doute son incapacité à engendrer un pouvoir fort et centralisé. Le succès de la cité, à la fois foyer urbain et unité

politique de base, est patent dès le IIIe millénaire ; en contrepartie, chaque cité défend jalousement son indépendance et, quels que soient les peuples qui se succèdent, l'émiettement demeure.

Les Sémites constituent néanmoins l'élément dominant. Ils ne forment pas un groupe homogène et la Syrie a accueilli successivement plusieurs vagues qui se distinguent notamment par la langue et l'onomastique. On a longtemps nommé « Cananéens » les plus anciens Sémites du Proche-Orient, mais on préfère aujourd'hui des termes qui laissent davantage apparaître leur diversité. Car les Éblaïtes, qui fondent un puissant royaume en Syrie du Nord avant 2300, diffèrent des créateurs de la civilisation urbaine de la Syrie du Sud, de la Palestine ou de la Syrie côtière. Mieux vaut donc parler d'un vieux fonds ouest-sémitique dont des traits se sont transmis chez les nouveaux arrivants.

C'est à Ougarit que l'écriture fait un progrès décisif en passant d'un syllabaire (plusieurs centaines de signes) à un alphabet de trente lettres. Ce premier alphabet continue cependant d'utiliser des signes cunéiformes, ce qui n'autorise guère d'autres supports que l'argile fraîche (ci-dessus).

Le temps des grands royaumes : Mari, Ébla, Byblos, Ougarit

Vers 2300, les cités de Syrie sont brutalement détruites et, sur leurs ruines, de nouveaux venus, les Amorites, eux aussi Sémites, reconstruisent des royaumes dont les plus puissants se situent à Mari (en Mésopotamie), à Karkémish sur l'Euphrate, à Alep (royaume de Iamkhad), Ébla et Qatna, en Syrie du Nord. L'influence mésopotamienne est manifeste dans l'art, et les documents écrits attestent de relations suivies avec Sumer, Babylone puis Assur. Sur la côte, Byblos et Ougarit semblent les cités les plus puissantes.

Dans le courant du IIe millénaire, ces cités sont soumises à des vicissitudes multiples, notamment dans le cadre de la « lutte des Empires ». Ébla disparaît ainsi vers 1600, détruite par les Hittites, tandis que tous les autres royaumes se soumettent successivement aux États voisins : d'abord les Hourrites du Mitanni, puis les Hittites, parfois les Égyptiens pour les États côtiers. Mais ces soumissions successives n'ont pas que des inconvénients puisqu'elles placent la Syrie au carrefour des influences artistiques et intellectuelles.

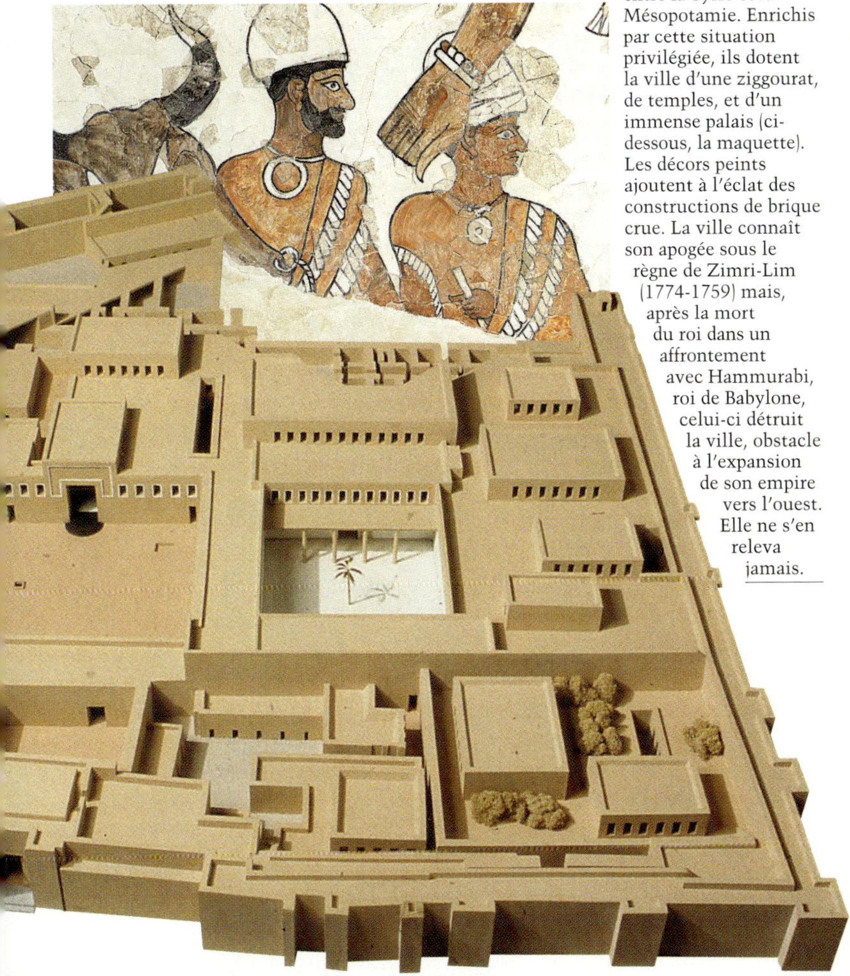

Sur le moyen Euphrate, les rois de Mari constituent vers la fin du XIXe siècle avant J.-C. un puissant royaume contrôlant à la fois la vallée de l'Euphrate et celle du Khabour, principales voies commerciales entre la Syrie et la Mésopotamie. Enrichis par cette situation privilégiée, ils dotent la ville d'une ziggourat, de temples, et d'un immense palais (ci-dessous, la maquette). Les décors peints ajoutent à l'éclat des constructions de brique crue. La ville connaît son apogée sous le règne de Zimri-Lim (1774-1759) mais, après la mort du roi dans un affrontement avec Hammurabi, roi de Babylone, celui-ci détruit la ville, obstacle à l'expansion de son empire vers l'ouest. Elle ne s'en releva jamais.

Le monde araméen

Vers 1180, tout le Proche-Orient est soumis à une vague de destructions attribuée, au moins pour partie, aux « peuples de la mer », mal identifiés mais venus pour l'essentiel du Nord-Ouest (Crète, bassin égéen). Or, dans le même temps, un nouveau peuple sémitique, celui des Araméens, s'est présenté en Mésopotamie, dans la vallée de l'Euphrate, sur les marges de la Syrie intérieure. Profitant de la destruction des Etats, les Araméens se sédentarisent dans la Syrie intérieure et y fondent de nouveaux États, de Damas au sud à Zindirdjli au nord, en passant par Hama et Alep, et s'installent dans la vallée de l'Euphrate, dans l'oasis de Palmyre. Leur influence est considérable et leur langue s'impose rapidement dans toute la Syrie intérieure : les noyaux hourrites et hittites, parfois assez consistants en Syrie du Nord, se trouvent rapidement « sémitisés » par les nouveaux venus, et les Amorites eux-mêmes vont « s'aramaïser ». De fait, à la fin du IIe millénaire, tous se sont fondus dans l'ensemble araméen. Le succès s'explique sans doute par l'adoption d'une écriture linéaire quasi alphabétique

À la faveur du relatif effacement des Assyriens après la mort de Tiglat-Pileser Ier (1077), les Araméens installent une série de petites principautés indépendantes en Syrie (Damas, Hama) et sur l'Euphrate (Karkémish, Til Barsip, Harran, Guzana). Mais la marche vers la mer reste l'un des objectifs constants des rois assyriens du nouvel empire et, dès le début du IXe siècle, Tukulti-Ninurta II soumet la région de Harran. Ses successeurs parviennent à faire payer tribut aux princes araméens mais aussi aux cités phéniciennes. Guzana tombe aux mains d'Adad-Nirari III entre 800 et 790, peu après le règne de Hadad-yis'i, qui offrit son image (ci-contre) au dieu Hadad, « contrôleur des eaux des cieux et de la terre, qui déverse la richesse, qui dispense pâturages et terrains arrosés » comme l'indique l'inscription bilingue assyro-araméenne qui couvre le bas de sa robe.

qui permet à l'écrit de se diffuser au-delà du cercle étroit des scribes. Ce succès précoce s'accentue encore avec l'occupation étrangère qui fait de l'araméen la langue administrative : les Assyriens, dès le VIIIe siècle, usent de l'araméen, puis les Perses l'imposent comme la langue commune de tout l'Empire, de la vallée de l'Indus jusqu'à l'Hellespont. Du coup, en Syrie même, l'araméen ne cesse de gagner : à la veille de la conquête macédonienne, il a triomphé partout, sauf en Phénicie. Même les Arabes, qui apparaissent à la limite du domaine syrien, dans la vallée de l'Euphrate, dans l'Anti-Liban et dans la steppe, à l'est du Jebel Druze, adoptèrent l'écriture araméenne, quand bien même ils continuèrent à parler leur dialecte : c'est le cas des Nabatéens.

Habiles marins, les Phéniciens fréquentent toute la Méditerranée dès les Xe et IXe siècles, sur leurs longs bateaux à rames et à voiles. La fondation de Carthage, vers 800, symbolise à elle seule la puissance des Tyriens, présents aussi bien dans les ports de Grèce que dans les meilleurs mouillages d'Espagne.

Les enclaves phéniciennes

Une partie de la côte syrienne, entre Akko au sud et Arados au nord, échappe cependant à ce phénomène. Là, une succession de villes, qui existaient sans doute auparavant mais avaient vécu dans une relative obscurité, connaissent une civilisation brillante et non araméenne. Il s'agit de ceux que l'on nomme, à la suite des Grecs, Phéniciens, mais qui ne semblent pas avoir eu eux-mêmes de nom générique pour se désigner, chacun portant l'ethnique de sa cité.

Ces Phéniciens ne sont aucunement des nouveaux venus, mais plutôt les lointains descendants du vieux fonds ouest-sémitique, mêlé à d'autres éléments arrivés au fil du temps. La prospérité nouvelle de leurs cités marque aussi un phénomène majeur survenu autour de 1180 : la Syrie qui était jusque-là sous l'influence constante de la Mésopotamie, malgré les têtes de pont égyptiennes, semble basculer vers la Méditerranée. Depuis Tyr, Sidon ou Arados, les principales cités phéniciennes, marchands et aventuriers partent vers l'ouest, vers le monde égéen notamment où ils réintroduisent l'écriture qui a disparu depuis la chute des royaumes mycéniens, et ils y donnent sans doute l'image d'une organisation en cité qui connaît le succès que l'on sait.

La Syrie, satrapie achéménide

Devenue partie intégrante de l'Empire perse dès le règne de Cyrus le Grand (v. 550-v. 530), la Syrie constitue la satrapie d'Abr-Nahrain, « d'au-delà des deux fleuves » pour un observateur placé à l'est. Tandis que reviennent de l'exil des populations déportées par les Babyloniens (ainsi dans la région d'Alep), le pays est soigneusement quadrillé militairement et administrativement. De grands domaines accordés aux membres de l'entourage royal

Tombés sous la domination achéménide en même temps que leurs anciens maîtres babyloniens, les Phéniciens sont représentés sur les reliefs des rampes d'accès du palais de Persépolis (ci-dessous) parmi les autres peuples de l'empire soumis au tribut. Reconnaissables à leurs coiffures, ils offrent au Grand Roi divers produits de leur artisanat : coupes, bracelets, bijoux, mais aussi un char de guerre tiré par deux chevaux. Pour le souverain achéménide, ils jouent un rôle essentiel dans la mise en place d'une flotte perse en Méditerranée, indispensable à la conduite des expéditions contre la Grèce.

s'ajoutent aux « paradis » royaux, ces vastes parcs de chasse et terrains d'expérimentation agricole créés à l'initiative du Grand Roi, tel celui de Sidon. Place stratégique de première importance, la côte phénicienne fournit une part essentielle de la marine achéménide (notamment lors des guerres médiques), accueille les armées de mercenaires (notamment grecs) recrutés pour reconquérir l'Égypte, sert de lien entre l'Empire perse et la Méditerranée.

À partir du Ve siècle, les Achéménides frappent des sicles d'argent à l'usage de la Phénicie, sur le modèle des monnaies grecques qui y circulent depuis longtemps, tandis que les rois phéniciens émettent eux-mêmes leurs pièces d'argent (ci-dessus, une monnaie du roi de Sidon, Straton Ier), qui popularisent leurs propres thèmes iconographiques.

Une conquête éclair

Au soir de la bataille d'Issos, Darius a-t-il cru qu'Alexandre le poursuivrait et que les forces achéménides restées en Syrie serviraient à prendre en étau le Macédonien ? Peut-être, mais Alexandre fait un autre choix, que lui impose, en fait, le maintien d'une forte flotte achéménide en Méditerranée. Envoyant son fidèle Parménion prendre possession des trésors royaux conservés à Damas, il entreprend de longer la côte vers le sud, le contrôle des ports privant la flotte achéménide de toute base de repli.

Ce ne sera, pour l'essentiel, qu'une promenade militaire, car les rois phéniciens se rallient les uns

après les autres : Arados, Byblos, Bérytos, Sidon changent de camp. Même Tyr reçoit avec les honneurs les ambassadeurs d'Alexandre. Pourtant, la ville se ferme soudainement, sans qu'on en connaisse vraiment les raisons. Les Tyriens se croient-ils à l'abri sur leur île en attendant la suite des événements ? Espèrent-ils un possible revirement de la fortune d'Alexandre ? On invoque des raisons religieuses : Alexandre prétend sacrifier au grand dieu de Tyr, Melqart, identifié à Héraclès, lequel passe pour l'ancêtre de sa dynastie. Les Tyriens refusent, affirmant que seul le roi de Tyr peut sacrifier dans la ville. Alexandre soupçonne une manœuvre pour se dérober à l'allégeance qu'il réclame. Il entreprend donc un siège de sept mois de la cité insulaire. Tyr, affamée par le blocus, peut-être effrayée aussi par l'ampleur des travaux

Longtemps considérée comme une représentation de la bataille d'Issos, la célèbre mosaïque de la maison du Faune à Pompéi, inspirée sans doute d'une œuvre du plus célèbre des peintres grecs, Apelle, contemporain d'Alexandre, illustre plus vraisemblablement la bataille de Gaugamèles, près d'Arbèles. À droite, Darius, sans arme et déjà emporté par son attelage en fuite, cède la place à son rival qui le menace de sa lance.

Enfermée sur un îlot proche du rivage, Tyr (ci-dessous) refuse de se livrer à Alexandre. Dépourvu de flotte, le conquérant macédonien, qui ne peut laisser ce port aux navires ennemis, tente en vain de combler le détroit par une jetée faite d'arbres et de blocs de pierre arrachés aux collines avoisinantes. C'est finalement grâce au renfort de la flotte de Sidon que les Grecs parviennent à s'emparer de la cité phénicienne. Conséquence inattendue de ce siège, les matériaux jetés à la mer par les troupes d'Alexandre vont peu à peu fixer le sable et, à la longue, Tyr se trouva reliée au continent par un isthme.

entrepris pour la faire céder, finit cependant par capituler au cours de l'été 332. La répression est féroce bien que le roi Azelmilkos demeure en place. Tyr reçoit une garnison macédonienne. Alexandre peut enfin poursuivre sa route vers le sud, où Gaza résiste deux mois, et gagner l'Égypte.

Alexandre traverse à nouveau la Syrie dans l'été 331, en route vers la Mésopotamie. La Syrie devient pour les troupes engagées à l'est une base arrière d'une extrême importance. C'est par elle que passent tous les renforts, tous les approvisionnements, venus de Grèce,

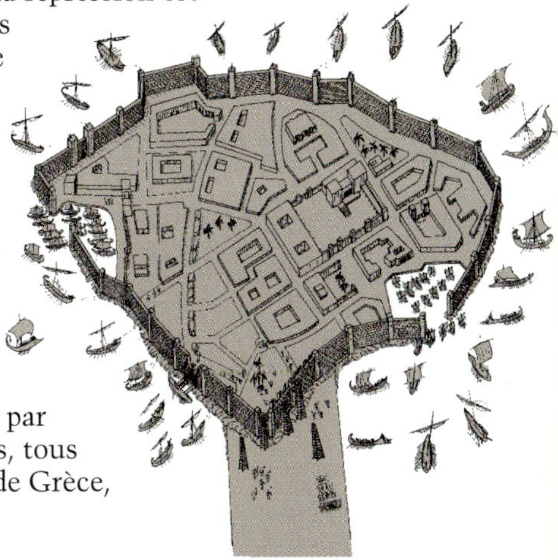

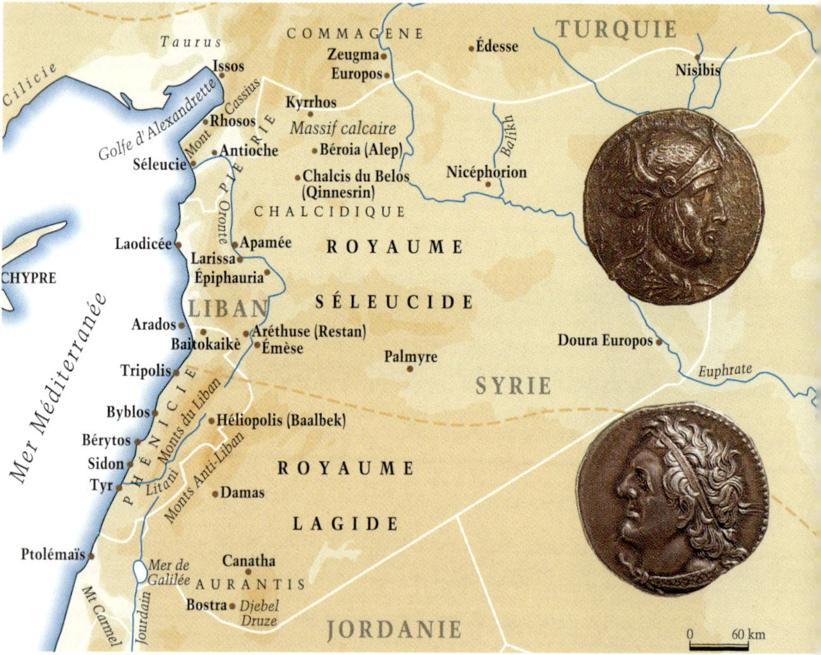

de Macédoine ou d'Asie Mineure, par terre et par mer. Les ateliers monétaires de Phénicie sont mis au service du conquérant, tandis qu'un nouvel atelier royal est créé à Damas, le premier dans l'intérieur de la Syrie.

Les guerres de succession : Séleucides et Lagides

À la mort d'Alexandre (juin 323), la satrapie de Syrie est attribuée à Laomédon de Mytilène, mais très vite il apparaît que l'enjeu est trop important pour qu'on en confie la gestion à un homme de second plan. Pendant plus de vingt ans, la Syrie est l'objet des convoitises des plus ambitieux des successeurs d'Alexandre, qu'ils briguent sa succession entière (Perdiccas, Antigone le Borgne, Séleucos) ou qu'ils espèrent seulement, comme Ptolémée, se tailler un royaume dans les dépouilles du Macédonien. Les guerres sont incessantes et les rebondissements multiples. Ptolémée, qui a littéralement fondu sur

La Syrie des auteurs anciens recouvre l'ensemble des pays peuplés par les Araméens sédentaires, depuis Édesse et Nisibis au nord jusqu'à Ascalon au sud (hors carte), y compris la Phénicie côtière, d'Arados à Ptolémaïs. En revanche, ils nomment Arabie toutes les régions parcourues par les nomades, depuis Édesse jusqu'au Sinaï. Ci-dessus, les parties septentrionales de la Syrie antique, celles qui aujourd'hui appartiennent pour l'essentiel à la Syrie et au Liban, ainsi qu'une frange de la Turquie.

l'Égypte à la mort d'Alexandre, se soucie d'occuper la plus grande partie du pays à partir de 319, de manière à couvrir le flanc nord-est du Delta et à prévenir toute invasion surprise de son domaine. De son côté, Antigone le Borgne, qui, dès 319-318, s'affirme comme l'homme fort le plus susceptible de régner sur la majeure partie de l'empire d'Alexandre, s'efforce sans relâche de tenir ses rivaux, y compris Ptolémée, hors de la Syrie. Le contrôle des ports phéniciens se révèle indispensable pour maintenir des liaisons faciles avec la Mésopotamie, l'Iran et l'Asie centrale. Cette mainmise est cependant contestée non seulement par Ptolémée, mais aussi par Séleucos, un autre général d'Alexandre qui a réussi, avec l'aide de Ptolémée, à prendre le contrôle de la Babylonie en 312.

La compétition ne fait que s'amplifier après l'assassinat des héritiers d'Alexandre en 310 et la prise du titre royal par les principaux chefs de guerre (307-306). En 301, à la suite de la bataille d'Ipsos où Antigone est tué, Séleucos se voit reconnaître par ses alliés du moment la possession de la Syrie tout entière. Il s'y précipite, occupe de fait toute la Syrie du Nord, mais doit se rendre à l'évidence : Ptolémée tient toute la moitié sud, y compris la côte phénicienne, à l'exception de Tyr et de Sidon que Démétrios Poliorcète n'abandonne qu'en 288-286.

Au nom des services rendus autrefois et de leur longue amitié, Séleucos renonce à faire la guerre à Ptolémée, sans pour autant abandonner ses droits. Cette attitude d'apaisement ne règle rien : à la mort de Ptolémée Ier (283) puis de Séleucos Ier (281), leurs héritiers n'ont aucune raison de s'épargner. De fait, plusieurs guerres dans le courant du IIIe siècle avant J.-C. opposent les Séleucides d'Antioche aux Lagides d'Alexandrie en vue de récupérer ce qu'ils considèrent comme leur domaine. Antiochos III y parvient enfin en 200-198 à la suite d'une campagne

Les rois hellénistiques surent faire preuve de remarquables qualités d'administrateurs, de bâtisseurs et de protecteurs des arts et des lettres. Séleucos Ier (à gauche, en haut) et Ptolémée Ier (en bas) furent parmi les plus actifs, mais c'est Antiochos III (ci-dessous) qui parvint à réunifier toute la Syrie entre les mêmes mains.

vigoureuse où bien des gens changent de camp. La Syrie est enfin réunifiée entre les mains des rois d'Antioche.

Cette belle unité ne dure guère. Les Lagides n'ont pas renoncé à récupérer la Syrie du Sud et la Phénicie : Cléopâtre VII les réclamera encore à Marc Antoine en 37-36. Mais en fait jamais les Lagides ne pourront atteindre cet objectif. Ils se contentent d'attiser querelles et révoltes au sein du royaume rival, et elles ne manquent pas. La crise la plus grave est le conflit dynastique qui oppose des branches rivales de la famille séleucide durant presque un siècle, de 162 à 65. Rares sont les souverains qui parviennent à contrôler le pays entier. Le plus souvent on voit deux, parfois trois, membres de la famille se proclamer roi en même temps. Devant tant de désordre, le pouvoir ne tarde pas à passer entre d'autres mains.

La plus ancienne attestation du site de Pétra remonte au VIIIe siècle avant J.-C. Nichée au cœur des monts d'Édom, elle fut d'abord un formidable refuge facile à défendre. Capitale du puissant royaume nabatéen, la ville se couvre, au Ier siècle avant J.-C., de somptueux monuments, sanctuaires (ici, le Deir) et tombeaux inspirés de l'art hellénistique.

Le morcellement de la Syrie séleucide et l'émergence des États indépendants

L'affaiblissement du pouvoir royal incite beaucoup de communautés à prendre elles-mêmes en main leur propres affaires. C'est d'abord le cas des Juifs, à la suite d'une révolte suscitée par la volonté des Juifs hellénisés de transformer le mode de vie traditionnel en introduisant des nouveautés insupportables, comme la fréquentation du gymnase et la création d'une cité « à la grecque » à Jérusalem. Les Juifs pieux, menacés de disparition par un édit royal interdisant la Torah, se soulèvent et, sous la direction de Judas Maccabée et de ses frères, libèrent Jérusalem. Au terme d'une guerre d'usure et de longues tractations, ils parviennent à créer un nouvel État, le royaume hasmonéen, qui adopte rapidement une politique de conquête. Au début du Ier siècle, il atteint au nord les abords du Jawlan, du Hauran et du Liban.

De l'autre côté de la mer Morte, le royaume nabatéen est né dans des conditions bien différentes, puisqu'il existe dès la fin du IVe siècle et ne semble jamais avoir été soumis ni par les Lagides, ni par les Séleucides. L'affaiblissement de la monarchie séleucide lui permet de pousser vers le nord. Au milieu du IIe siècle, les rois de Pétra contrôlent la plus grande partie de la Transjordanie, à la fin du siècle au plus tard ils règnent à Bostra. En 84, les habitants de Damas appellent à l'aide le roi nabatéen Arétas III pour les protéger des brigands. Le royaume nabatéen atteint alors sa plus grande extension. Même si, en 72, Damas est évacuée, une bonne partie de l'actuelle Syrie du Sud reste occupée pour près de deux siècles encore.

D'autres États se créent plus au nord au détriment du royaume séleucide. En Commagène, un nouveau royaume émerge dans le courant du IIe siècle autour de Samosate (Samsat, Turquie). À Édesse (Urfa, Turquie), la ville, refondée comme une cité grecque par un Séleucide, est occupée à partir de 132 avant J.-C. par la dynastie arabe des Abgarides. D'autres chefs arabes s'installent à Alep et dans la vallée de l'Euphrate.

Sur le flanc nord de la Syrie se développe, dès le IIIe siècle avant J.-C., un royaume de Commagène indépendant dirigé par une dynastie d'origine iranienne profondément hellénisée. S'il ne reste rien de la capitale, Samosate, on conserve en revanche des tombeaux royaux du Ier siècle avant J.-C. Le plus célèbre se situe sur le Nemrud Dagh, une montagne escarpée dont le sommet arasé abrite un gigantesque tumulus artificiel. Sur les deux terrasses, un ensemble de sculptures monumentales figure à la fois des dieux, des rois, et la Commagène personnifiée.

Venus d'Asie centrale peu avant le milieu du IIIe siècle avant J.-C., les Parthes ne tardent pas à fonder un puissant État couvrant d'abord l'Iran, puis, à partir du milieu du IIe siècle, la Mésopotamie. Leurs rois, qui portent le titre générique d'Arsace, battent monnaie à l'imitation des rois hellénistiques (ci-dessous, une monnaie du roi perse Mithridate Ier). La pression qu'ils exercent sur les Séleucides contribue au déclin rapide de l'autorité de ceux-ci. Aussi, des principautés se créent en plusieurs points de la Syrie,

comme celle d'Émèse et d'Aréthuse dirigée par les Sampsigéramides. Ci-dessus, ce masque funéraire en argent doré découvert dans la nécropole royale d'Émèse témoigne de leur richesse.

Les Émeseni, une tribu arabe peut-être venue du nord-est de la haute Mésopotamie, finissent par s'installer autour d'Aréthuse (Restan) et fonde une ville nouvelle, Émèse (Homs). Dans l'intérieur du Liban, les Arabes ituréens contrôlent le grand sanctuaire de Baalbek et fondent un État à cheval sur la Beqa'a et l'Anti-Liban, entre Baalbek et Abila de Lysanias (Souq Wadi Barada). Une poussière de principautés de moindre envergure occupe les régions montagneuses des monts Alaouites, des « tétrarchies » dirigées par des Arabes, des Grecs, voire des Juifs.

L'invasion des Parthes et la fin des Séleucides

Le royaume, qui s'effondre au centre, est attaqué à l'est par les Parthes. Installés sur le plateau iranien au milieu du IIIe siècle avant J.-C., les Parthes s'emparent de la Babylonie dans les années 140. En 113 avant J.-C., ils sont à Doura-Europos. L'Euphrate sert désormais de frontière entre Parthes et Séleucides. Une grande partie de la Syrie actuelle cesse donc d'être grecque assez tôt et demeure parthe pour deux ou trois siècles, jusqu'à la reconquête romaine de 165 après J.-C.

À partir des années 120 avant notre ère, les plus importantes des cités grecques, Tyr, Sidon, Laodicée, Séleucie, Antioche même, ont réussi à arracher aux rois affaiblis le privilège d'être déclarées « libres », ce qui les dispense de contribuer financièrement et en hommes à la guerre entre les rois. Cela ne leur épargne pas les destructions et les pillages, mais du moins peuvent-elles se défendre elles-mêmes et conclure les alliances qui leur conviennent avec les pouvoirs étrangers. C'est ainsi qu'en 83, les habitants d'Antioche, excédés par l'incapacité des rois séleucides, décident de faire appel à Tigrane d'Arménie pour les protéger : il s'empare sans coup férir de toute la Syrie du Nord et centrale, à de rares exceptions près (Séleucie de Piérie). La dynastie séleucide, dont deux rejetons prennent la fuite, a cessé de régner.

Fondation séleucide à la limite de la Syrie et de la Mésopotamie, Doura-Europos connaît une longue période d'occupation parthe. Le cosmopolitisme de la ville s'en trouve accru, notamment par l'introduction de dieux de toutes origines, tel le mésopotamien Arsou, figuré ici sous les traits d'un guerrier parthe.

La Syrie sous le contrôle de Rome

Les Romains, peu présents en apparence, ne sont pas restés inactifs. Vainqueurs d'Antiochos III en 189 en Asie Mineure, ils lui ont imposé la désastreuse paix d'Apamée (188), qui réduisait le royaume séleucide à ses possessions syro-mésopotamiennes et à leurs annexes iraniennes.

En faisant pression sur ses successeurs pour qu'ils paient une forte indemnité de guerre (15 000 talents), en détenant le prince héritier en otage et en le laissant s'enfuir au bon moment, en soutenant systématiquement les adversaires des Séleucides, notamment les Juifs et les Lagides, ils ont beaucoup fait pour attiser la querelle dynastique et pour affaiblir les maîtres d'Antioche. Ils finissent certes par en payer le prix, car la disparition de la flotte séleucide facilite le développement de la piraterie et du brigandage. Rome s'en accommode un temps, car elle y trouve un moyen facile de se procurer des esclaves. Lorsque, cependant, les pirates s'en prennent aux bateaux marchands romains, saisissent des Romains de haut rang (César est leur victime), et s'aventurent jusque sur les côtes du Latium, elle décide d'y mettre un terme. D'autant qu'au nord, un adversaire redoutable, Mithridate VI Eupator, roi du Pont, vient, en 88, de les priver brutalement de leurs possessions en Asie Mineure, et s'est allié aux pirates.

En 67, par la *Lex Gabinia,* Pompée obtient un commandement extraordinaire pour lutter contre les pirates. En 66, la *Lex Manilia* lui confie la responsabilité de la lutte contre Mithridate. C'est dans ces circonstances que des armées romaines font pour la première fois leur apparition en Syrie. Tandis que Pompée poursuit Mithridate dans le Caucase, deux de ses légats descendent en Syrie, jusqu'à Damas, au cours de l'an 65. Pompée les rejoint en 64 et proclame alors l'annexion du royaume séleucide à l'Empire romain sous la forme d'une nouvelle province, la Syrie.

Cette première province romaine de Syrie est bien loin de couvrir tous les anciens États séleucides. Pompée, en effet, choisit de laisser subsister la

Chargé de rétablir l'autorité romaine en Asie Mineure, Pompée débarque en Syrie en 64 à la tête d'une puissante armée. Il en profite pour annuler les actes de son prédécesseur et rival, Lucullus, qui avait rétabli les Séleucides à Antioche. Jugeant que le pays doit appartenir non à ceux qui n'ont pas su le défendre mais à ceux qui ont mis fin à l'occupation arménienne, il transforme le royaume séleucide en une province romaine.

quasi-totalité des États indigènes qui acceptent de devenir « amis et alliés du peuple romain ». Des chefs brigands, des tyrans locaux sont éliminés, mais il subsiste l'essentiel des États indigènes devenus désormais des « clients » de Rome. La province ne comporte en réalité que les zones urbanisées de la côte, de la Syrie du Nord, et quelques secteurs au sud (Damas, la Décapole au nord-ouest de la Jordanie). La Syrie romaine se présente donc comme une sorte de patchwork juxtaposant des régions soumises à l'administration directe de Rome et des États clients.

Cette situation ne fut pas modifiée par les successeurs de Pompée, ni Antoine, qui résista aux demandes de Cléopâtre, ni Auguste. Si l'on s'en tient à la Syrie et au Liban actuels, ce n'est que dans le courant du Ier siècle après J.-C. que l'on assiste à l'annexion progressive des principautés indigènes à la province proprement dite. On en ignore le détail pour les plus petites d'entre elles, mais on voit successivement disparaître la Commagène (vers 70), la principauté d'Émèse et Aréthuse (72), celle de Chalcis du Liban (92), le royaume sud-syrien d'Agrippa II (vers 92-96), enfin le royaume nabatéen (106), le seul qui ne soit pas annexé à la Syrie mais érigé en une nouvelle province, l'Arabie.

Dieu ou soldat, cette statue colossale du Hauran témoigne de l'omniprésence des légions romaines en Syrie, province frontière avec les Parthes puis avec l'Empire perse.

La Syrie romaine

Avec l'annexion du royaume nabatéen, Rome met fin au système d'administration indirecte. Syrie et Liban actuels se trouvent alors tout entiers englobés dans la province de Syrie, qui englobe aussi la

Commagène, à l'exception du Hauran et du Jawlan qui se trouvent dans la province d'Arabie.

La Syrie est dès le début l'une des plus importantes provinces romaines, confiée à un gouverneur de très haut rang. Quatre légions y sont stationnées en permanence, avec une triple mission : contrôler les villes de Syrie dont on craint l'agitation, surveiller les Parthes, et surtout fournir les contingents nécessaires aux expéditions romaines au-delà de l'Euphrate. Les rares invasions parthes (en 53-50 et 41-40 avant J.-C.), qui ont été provoquées par les Romains eux-mêmes, cessent avec Auguste. En revanche, les Romains portent la guerre chez leurs voisins à plusieurs reprises, dans le Caucase au Ier siècle après J.-C., en Mésopotamie sous Trajan (114-117), puis au début du règne de Marc Aurèle (163-165), sous Septime Sévère (195 et 198), sous Caracalla (215-217). Les conquêtes de Trajan à l'est de l'Euphrate et du Tigre sont abandonnées dès 118, mais Lucius Verus fait la conquête de Doura-Europos et de la rive gauche de l'Euphrate en 163-165, alors qu'Édesse rentre dans l'alliance romaine. Septime Sévère crée deux nouvelles provinces au-delà de l'Euphrate, l'Osrhoène et la Mésopotamie, couvrant les régions de Syrie

Conquise par Lucius Verus en 165, Doura-Europos devient une ville de garnison de première importance, sur la frontière parthe. Elle abrite rapidement plusieurs unités auxiliaires, dont une célèbre cohorte de Palmyréniens. Cette omniprésence de l'armée se traduit notamment dans les nombreuses archives conservées, tel le *Feriale Duranum* qui contient le calendrier des fêtes et célébrations religieuses de la garnison. Le sacrifice du tribun Iulius Terentius, représenté sur une fresque du temple de Bel (ci-dessous), entre peut-être dans le cadre de ces célébrations : entouré de ses hommes, le tribun semble bien agir au nom de son unité.

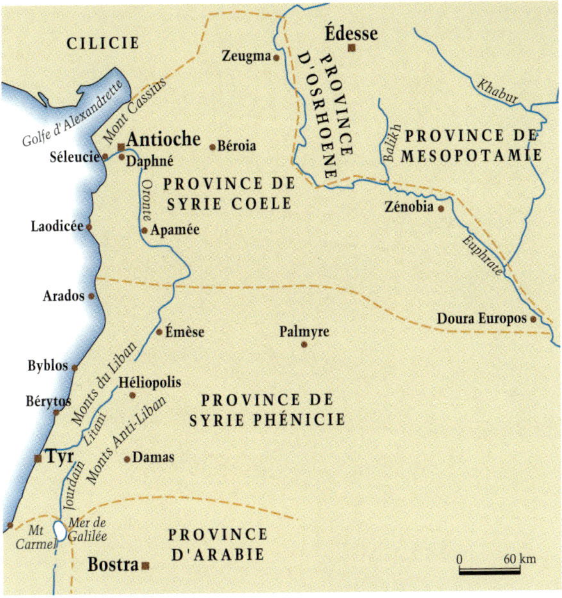

situées entre l'Euphrate, le Balikh, le Khabour et le Tigre. Ce n'est donc que tardivement – et de façon éphémère – que toute la Syrie actuelle entre dans l'Empire romain.

La menace sassanide

Les Perses sassanides, arrivés au pouvoir à Ctésiphon en 226, se montrent aussitôt offensifs. Désormais, les Romains doivent se défendre, ce qu'ils font au prix de bien des abandons. Antioche est atteinte, des armées perses arrivent jusque dans les environs d'Apamée, Doura-Europos tombe en 252, avant d'être détruite en 256. Plusieurs empereurs perdent la vie dans des expéditions difficiles : Gordien III en 244, Valérien en 260, capturé et emprisonné, Carus dans l'été 283, foudroyé lors d'un orage près de Ctésiphon. Odeinat, un notable de Palmyre, mobilise une armée et lutte avec succès contre les Perses entre 252 et 268. Après sa mort, sa veuve, Zénobie, et son fils, Wahballat, se proclament empereurs et parviennent à contrôler la Syrie durant un temps (268-272).

En 64 avant J.-C., la province de Syrie créée par Pompée englobe essentiellement les zones les plus urbanisées, au nord-ouest, sur la côte phénicienne, en Décapole, alors que subsistent de nombreux États indigènes clients, autour et au milieu même de la province. D'Auguste à Vespasien, l'intégration des États clients contribue à faire de la Syrie une immense province étendue de l'Euphrate à Gaza (hors carte), tandis que la Judée est constituée en province autonome en 70. Le royaume nabatéen est annexé en 106 et forme une nouvelle province, l'Arabie. En 194, Septime Sévère divise la Syrie en deux, *Syria Coele* au nord et *Syria Phoenice* au sud. Antioche et Tyr en sont les capitales respectives. En 195, une province d'Osrhoène est fondée au-delà de l'Euphrate en regroupant quelques principautés clientes, auxquelles on ajoute Édesse en 213-214. En 198 enfin, une province de Mésopotamie complète le dispositif jusqu'au Tigre.

Dans le sud de l'Iran, sur la falaise de Naqsh i-Rustan, au pied du monumental tombeau de Darius Ier, le roi sassanide Shapûr Ier fit représenter à l'issue de sa campagne de 259-260 en Syrie ce qui en constituait sans aucun doute l'épisode le plus glorieux : la capture de l'empereur romain Valérien, lors de la bataille d'Édesse, vers la fin de 259. Courbé devant la monture du Sassanide, Valérien tend son épée en signe de reddition. Un long récit circonstancié, les *Res Gestae Divi Saporis*, accompagne les images de ces campagnes dévastatrices quoique sans lendemain. Bien que leurs expéditions les aient conduits jusqu'aux abords du plateau anatolien, jamais les Sassanides ne parvinrent à occuper durablement la Syrie ; ils se retirèrent à la suite de défaites cinglantes, entraînant parfois des ripostes romaines jusque sous les murs de la capitale perse, Ctésiphon. Mais Hatra en 240 et Doura-Europos en 256 furent détruites à jamais, et nombre de villes souffrirent de leurs incursions, y compris Antioche. Ce fut l'occasion pour certaines d'entre elles (Apamée, Bostra, Adraha) de réparer ou de construire leurs enceintes.

Mais Aurélien, un empereur énergique, refuse de partager le pouvoir avec eux, et les combat jusqu'à la prise de Palmyre en 272. Après l'expédition de Carus et de Numérien en 283, le front perse connaît de longues périodes de repos et les expéditions conduites par les Romains se déroulent au-delà de l'Euphrate.

La Syrie peut enfin souffler. Le passage constant des armées, les exigences de l'État en argent, en approvisionnements et en hommes ont mis durement les populations à contribution. On devine que le commerce avec la Mésopotamie devient moins intense car plus risqué : le loyer de l'argent pour de telles expéditions grimpe à des taux très élevés.

La réorganisation de l'empire d'Orient

Dioclétien procède à d'importantes réformes administratives qui connaissent évidemment leur application en Syrie. Il subdivise les provinces existantes pour créer des unités plus petites. Aux trois provinces de Syrie-Coele, Syrie-Phénicie et Osrhoène s'ajoute une Euphratésie (cap. Hiérapolis) ; au sud,

l'Arabie subsiste sous une forme réduite. Antioche devient en outre la capitale du diocèse d'Orient, vaste regroupement de seize provinces de la Mésopotamie à l'Égypte et à la Libye. Autour de 400, de nouveaux redécoupages ont lieu. La Syrie-Coele est scindée en deux, Syrie Première au nord (cap. Antioche), Syrie Seconde

De la brève période d'occupation par les Perses de Doura-Europos entre 252 et 256 subsistent ces graffitis représentant des cavaliers vêtus à la perse (ci-dessus).

Dans un défilé du cours moyen de l'Euphrate, un peu en amont de Deir ez-Zor, s'édifia une ville forteresse dont les remparts, bien conservés, se rejoignent à la citadelle. Cette *Zenobia* (Halabiyyeh), qui fut sans doute une création de la reine de Palmyre (en haut, à gauche), connaît son apogée au VIe siècle lorsque Justinien en fait l'une des citadelles chargées de garder le passage de l'Euphrate.

au sud (cap. Apamée), tandis qu'il est fait de même en Syrie-Phénicie : Phénicie Première le long de la côte (cap. Tyr), Phénicie Seconde (cap. Damas) dans l'intérieur.

Cependant, la fondation de Constantinople en 324, la présence de plus en plus fréquente des empereurs dans la partie orientale de l'empire (notamment à Antioche), le partage effectif de l'empire en deux à partir de la mort de Théodose (395), donnent un poids croissant à la Syrie dans cet ensemble.

Malgré de nombreuses paix, le front perse reste actif. La campagne de Julien en 363, puis celle de Jovien, sont suivies d'une longue paix armée, entrecoupée d'épisodes guerriers en 420-424, puis de 502 à 506. Les Perses parviennent sous les murs d'Antioche en 529, puis en 531. La « paix éternelle » signée cette année-là ne dure que quelques années et, en 540, Antioche est pillée, ses habitants déportés, tandis que d'autres villes de Syrie paient de lourdes sommes en argent ou en or pour être épargnées. La Syrie sort exsangue de la guerre. Une paix de cinquante ans, signée en 562, permet une reconstruction des défenses du pays, mais elle est rompue par l'empereur Justin Ier en 572 : la même année les Perses brûlent Apamée ! Mais le moment le plus tragique est sans aucun doute l'invasion totale de la Syrie par les Perses en 614, suivie d'une occupation qui se prolonge jusqu'en 629. Lorsque les troupes musulmanes se présentent aux portes de l'empire en 634, celui-ci vient tout juste d'échapper aux Perses.

À la limite du Hauran romain, le tombeau d'Imru' al-Qays porte l'une des plus anciennes inscriptions arabes (328 après J.-C.). Elle célèbre la gloire du « roi de tous les Arabes » dont l'autorité s'exerce loin dans la péninsule d'Arabie.

La conquête arabe

Les choses ont aussi changé dans le désert. Depuis la chute de Palmyre en 272, de grands mouvements de tribus ont eu lieu dans la Péninsule arabique, qui affectent la Syrie. Un descendant des princes d'Édesse, 'Amr ibn Adi, a fondé une principauté en Mésopotamie, à al-Hira, et s'est mis au service des Sassanides. Au début du IVe siècle, son fils et successeur, Imru' al-Qays ibn 'Amr (†328), « roi de tous les Arabes », semble contrôler un vaste conglomérat de tribus jusqu'au cœur de la Péninsule arabique et campe aux portes de la Syrie puisque son tombeau se trouve à Nemara, à la limite du Hauran. L'aventure n'a guère de suite dans l'immédiat car les princes de Hira, les Lakhmides, se cantonnent à la Mésopotamie. Mais d'autres groupes montent d'Arabie et Rome cherche à s'appuyer successivement sur chacun d'entre eux pour contrôler les marges steppiques et désertiques de l'empire : Tanukh, Salih, Ghassan enfin obtiennent des subsides et des dignités dans la hiérarchie de la cour impériale en échange de leur aide dans le contrôle des groupes nomades.

C'est donc tout naturellement que l'on trouve les Ghassanides aux côtés des troupes byzantines lors de la grande bataille qui livre la Syrie aux troupes musulmanes, la bataille du Yarmouk (juillet 636). Bostra, première ville de Syrie passée au pouvoir de l'Islam, est prise dès 635. La conquête progresse ensuite rapidement : Damas dès 636, Antioche en 638. Pour beaucoup cette nouvelle conquête pouvait passer pour éphémère, comme celle des Perses dans la décennie précédente : la suite prouva que non. Près de mille ans de domination grecque puis romaine avaient bel et bien définitivement pris fin.

Achevé en 564, le poste militaire et administratif de Qasr ibn Wardan, à la lisière de la steppe à l'est de Hama, était destiné à contrôler les mouvements des nomades et à surveiller la frontière face aux Perses. Le palais abritait des salles de réception et des pièces réservées à l'administration, tandis que les soldats disposaient d'une caserne, aujourd'hui en ruine. L'église à trois nefs et galerie (à gauche) était couverte d'une coupole.

Anciennes villes indigènes ou nouvelles fondations des souverains hellénistiques, les cités de Syrie se dotent à l'époque impériale d'une parure monumentale impressionnante – rues à portiques, arcs, sanctuaires, théâtres, thermes, etc. –, signe éclatant d'un apogée de la vie urbaine fondé sur une exceptionnelle prospérité.

CHAPITRE 2

L'ÉCLAT DES VILLES

Eutychidès de Sicyone, vers 296-293, crée l'image de la Fortune d'Antioche, type appelé à un immense succès. Une femme, portant une couronne crénelée symbolisant les murailles de la ville, pose le pied sur l'Oronte personnifié. Palmyre (ci-contre) de même que toutes les autres cités adaptèrent ce modèle à leurs besoins, conservant la couronne de remparts.

Hérode (73-4 avant J.-C.) et ses successeurs au Ier siècle après J.-C. établissent des colons d'origines diverses en Syrie du Sud afin d'appliquer la politique de pacification exigée par Rome : Juifs de Babylonie et d'Idumée, mais aussi des Grecs. À Danaba (ci-contre), une inscription indique : « Les Grecs résidant à Danaba [honorent] Mènophilos à cause de sa bienveillance ». Loin d'être tous soldats ou fonctionnaires, les Grecs installés en Syrie depuis Alexandre exercent tous les petits métiers, comme ceux qu'illustrent ces terres cuites provenant de la côte libanaise.

La Syrie a connu depuis le IIe millénaire une intense civilisation urbaine. Mais les grandes villes de l'âge du bronze, Mari (tell Hariri), Ébla (tell Mardikh), Alalakh (tell Atshanah), Qatna (Mishrifeh), Ougarit (Ras Shamra), ont pour la plupart été détruites, abandonnées ou ont gravement périclité dans les troubles des environs de 1200 avant notre ère. Seules Alep et Hama conservèrent une activité significative après l'installation des Araméens. S'y ajoutèrent d'autres royaumes autour de Sam'al (Zindirjli) à l'extrême nord, de Damas au sud. Un axe urbain nord-sud s'installait ainsi à l'intérieur du pays. Dans le même temps se mettaient en place les royaumes phéniciens, d'Arados à Akko, alignés du nord au sud sur la côte.

L'installation des colons grecs

Non seulement les villes anciennes demeurèrent actives pour la plupart après 332, mais s'y ajoutèrent de nombreuses fondations nouvelles, la plupart séleucides, afin de répondre à la venue en nombre substantiel de colons grecs et macédoniens. La Syrie du Nord fut choisie pour abriter leur capitale, Antioche, car elle avait l'avantage d'être à la fois méditerranéenne, c'est-à-dire près du monde égéen où les Séleucides avaient de nombreux intérêts, et proche-orientale, sur la route de la Mésopotamie et de l'Iran jusqu'où s'étendait leur royaume. Il fallait donc faire de la Syrie séleucide une région sûre, en s'appuyant sur les colons grecs et macédoniens.

On est incapable de chiffrer l'apport de colons grecs et macédoniens qui semble limité à la période antérieure à 250 avant J.-C., ou peu s'en faut. C'est en tout cas dans cette seule période que l'on fonde des villes nouvelles pour les accueillir. Les colons s'implantèrent principalement en Syrie du Nord et de part et d'autre de la vallée de l'Euphrate, mais probablement pas dans les villes déjà bien peuplées de Phénicie, ce qui n'exclut pas les installations individuelles. Ces mouvements de population n'excédèrent sans doute pas quelques dizaines de milliers d'individus. Le nombre de lots coloniaux prévus à Antioche (5 300) montre qu'aucune des nouvelles villes n'était destinée à abriter plus de 5 000 à 6 000 hommes, soit 20 000 à 30 000 personnes immigrées au total, et sans doute beaucoup moins dans la plupart des cas. Dans ces conditions, il est vraisemblable que les colons ne dépassèrent jamais le nombre de 100 000 à 150 000.

Fondés sur la puissance militaire, les royaumes hellénistiques firent souvent appel à des mercenaires issus du royaume même ou de provinces éloignées. À Sidon, aux IIIe et IIe siècles avant J.-C., des soldats originaires de Pisidie, de Phrygie, de Carie, de Lycie, de Crète, de Thessalie ou du Péloponnèse laissèrent ces stèles funéraires peintes, dressées par leurs compatriotes ou leurs domestiques.

Les villes nouvelles

Plutôt que de disperser les colons dans les campagnes, on préféra les regrouper dans des agglomérations nouvelles dont la plupart reçurent assez vite le statut d'une cité grecque, d'une *polis*.

Ainsi surgirent dès 300 Séleucie de Piérie, Antioche, Apamée, Laodicée sur mer, Doura-Europos, et bien d'autres qui contribuèrent à quadriller la Syrie du Nord (Kyrrhos, Chalcis du Bélos, Séleucie-Zeugma) ou du centre (Larissa de l'Oronte, Séleucobélos, Aréthuse) et la haute Mésopotamie (Édesse, Nisibis). Les auteurs anciens donnent plusieurs dizaines de noms, dont beaucoup échappent encore à toute localisation.

Pour chaque fondation, une opération de cadastration attribuait à chaque colon un terrain en ville pour sa maison, et un lot de terres cultivables, que beaucoup firent travailler par des paysans indigènes. Ainsi, aux alentours d'Antioche les cadastres ruraux suivent les mêmes orientations que le plan urbain. Là où le statut de *polis* était accordé, on constitua un conseil, on élit des magistrats. À l'origine, seuls les colons constituaient le *dêmos* (« peuple ») de la *polis*, mais rapidement on admit les indigènes hellénisés devenus à leur tour des Grecs.

Pendant que ces villes nouvelles se mettaient en place, les anciennes villes de Phénicie et de Syrie s'adaptaient aux conditions nouvelles. Il ne semble pas y avoir eu installation massive de colons grecs ou macédoniens, même si quelques opérations cadastrales autour de Damas et d'Alep peuvent suggérer une redistribution de terres à l'époque hellénistique. En Phénicie, le passage de la cité-royaume à la *polis* se fit sans bouleversement de population, au profit des élites indigènes hellénisées.

On a beaucoup spéculé sur les objectifs des successeurs d'Alexandre lorsqu'ils fondaient des cités. Certains y ont vu la volonté d'helléniser les populations indigènes, d'autres de quadriller militairement et politiquement le pays, d'autres encore d'assurer le développement du pays en multipliant les lieux d'échange. En réalité, on a souvent confondu objectif et résultats. La seule cause réelle fut la nécessité d'installer les colons venus de Grèce et de Macédoine habitués à cette forme d'organisation. Il ne s'agissait en aucun cas

Tout comme Alexandrie (en haut), Doura-Europos (en bas) adopte les principes de l'urbanisme hellénistique : un tracé orthogonal établit des lots réguliers, reproductibles à l'infini. L'enceinte délimite un espace urbain résolument plus vaste que nécessaire. À l'origine, la ville devait s'étendre au pied de la citadelle, mais, au IIe siècle avant J.-C., un plan d'urbanisme est lancé sur le plateau dominant l'Euphrate. La nouvelle Doura-Europos bénéficie de protections naturelles sur trois côtés puisque deux profonds *wadi* entaillent le plateau au nord (en bas à droite) et au sud (en haut à gauche). À l'ouest, un rempart rectiligne est entrepris et achevé précipitamment pour faire face à l'avance parthe. Cela n'empêcha pas la prise de la ville en 113 avant J.-C., qui resta sous domination parthe jusqu'à l'expédition de Lucius Verus en 165, soit pendant près de trois siècles, sans qu'elle abandonnât son plan d'urbanisme ni ses habitudes grecques. De l'autre côté du fleuve s'étendaient les terres cultivables indispensables à la survie de la ville, établie sur la rive ici désertique de l'Euphrate.

d'helléniser les indigènes dont les rois séleucides n'attendaient qu'une chose : qu'ils paient le tribut et les taxes. La réussite de ces fondations créa évidemment de nouveaux lieux d'échanges, de nouveaux circuits de circulation. Ces noyaux de population grecque constituaient autant de points d'appui pour l'administration royale, pour son armée qui y entretenait quelquefois des garnisons. Quelques villes naquirent parfois d'une garnison, comme Doura-Europos, qui n'obtint qu'assez tard le statut de *polis*. Mais c'est la conséquence de la réussite des fondations, non un objectif préalable.

De plus, bien que la création de *poleis* ne visât pas à helléniser les indigènes, ceux-ci n'étaient nullement empêchés de le faire. En cela la société de la Syrie hellénisée n'est pas une société coloniale : les indigènes pouvaient y acquérir le même statut que les maîtres par le biais de l'acculturation. La conception grecque de l'identité y aidait puisque, dès 380, Isocrate proclamait : « On appelle Grecs plutôt les gens qui participent à notre éducation que ceux qui ont la même origine que nous » (*Panégyrique*, 50).

Dès l'époque classique, les habitants des villes de Phénicie se montrent sensibles aux innovations artistiques venues des pays grecs. Bien qu'il existât une longue tradition de sarcophages anthropoïdes empruntée à l'Égypte, les riches Sidoniens n'hésitaient pas à faire appel à des artistes grecs ou formés en Grèce pour ajouter au couvercle du sarcophage une tête sculptée selon les canons classiques (ci-contre). Après la conquête d'Alexandre, les citadins s'hellénisent rapidement et ne se distinguent plus des Grecs de souche. Ci-dessus, la stèle dite de Robia, provenant de Sidon, montre une jeune femme aisée, issue de ces milieux hellénisés, étendue sur un lit de repos.

La Phénicie : une acculturation rapide

Les cités-royaumes de Phénicie se transformèrent de fait en cités « à la grecque », en *poleis*, par la simple suppression des rois dans la première moitié du IIIe siècle. Les autres institutions restèrent en place, et l'on se contenta sans doute d'ajouter quelques fonctions nécessaires au bon fonctionnement des nouvelles cités, comme celles des agoranomes ou des gymnasiarques.

Avant la fin du IIIe siècle, les Grecs du monde égéen considérèrent les habitants de Tyr, Sidon, Byblos, Bérytos comme des Grecs, au même titre que les autres, puisqu'ils furent admis à participer aux grands concours panhelléniques. Les habitants de Tyr ou de Bérytos dont nous connaissons l'identité portent tous des noms grecs et ne se distinguent plus des Grecs d'origine. Il est vrai que la tâche était aisée pour les élites phéniciennes, bien connues des Grecs depuis longtemps. Les Phéniciens jouent un rôle non négligeable dans la mythologie grecque puisque les Sidoniens passent pour être les colons d'Argos et les fondateurs de Thèbes de Béotie. La belle Europe, aimée de Zeus, était sidonienne.

Au IVe siècle, tandis que les marchands phéniciens fréquentaient les ports grecs et notamment le Pirée, des milliers de mercenaires grecs au service du roi perse avaient parcouru la côte syrienne.

Le monument de Hermel, dans le nord de la Beqa'a libanaise, témoigne de la richesse et de la culture grecque des princes indigènes qui, à la fin de l'époque hellénistique, surent profiter de la faiblesse du pouvoir royal pour se tailler un domaine échappant à son contrôle. Ce tombeau, couvert d'une pyramide selon une mode dont on trouve des exemples en Judée et en Émésène, portait sur chaque face une scène de chasse, évoquant l'activité de ces aristocrates hellénisés. À leur service, sans doute des pédagogues comme celui dont une modeste stèle stuquée du IIIe ou IVe siècle après J.-C. (ci-dessous) vante les qualités en vers irréguliers maladroitement gravés.

L'acculturation ne partait donc pas de rien. Elle fut d'autant plus rapide. Est-ce à dire que la culture phénicienne et l'originalité des Phéniciens disparurent ? Il faut distinguer entre villes et campagnes, entre élites et petit peuple. Si les élites urbaines s'hellénisent rapidement, les campagnes restent massivement étrangères à la nouvelle culture : dans le village de Umm el-Amed, à quinze kilomètres de Tyr, toutes les inscriptions sont en phénicien et l'on ne relève aucune trace d'influence grecque. Dans le petit peuple, le phénicien reste sûrement la langue d'usage ; des inscriptions phéniciennes se trouvent jusqu'à la fin de l'époque hellénistique.

Cependant, la culture phénicienne, au sens le plus large, perd de son originalité jusqu'à se fondre largement dans la culture grecque dominante. Ainsi, le phénicien sort de l'usage écrit et parlé dès le début de l'époque impériale. Le phénicien ne subsiste au-delà que sous forme de lettres isolées sur les monnaies, ou dans l'onomastique. Mais il disparaît comme langue vivante, victime à la fois du succès du grec et de celui de l'araméen, qui n'a cessé de progresser.

Le triomphe du modèle grec

Les notables indigènes hellénisés considéraient à tel point la vie civique comme symbole de leur promotion qu'ils réclamèrent eux-mêmes aux rois séleucides, puis aux empereurs romains, l'octroi du statut de cité grecque aux communautés indigènes dans lesquelles ils vivaient. Ce ne fut pas seulement le cas en Phénicie, mais aussi en Syrie intérieure, dans quelques anciennes cités araméennes comme Hama ou Damas. Cette attente des élites indigènes hellénisées explique que la fondation de cités se soit poursuivie bien longtemps après que les derniers colons soient arrivés. Quelques cités furent restaurées ou refondées par Pompée ou ses légats en Décapole autour de 64-60, mais d'autres cités furent promues tout au long de l'Empire : Palmyre en 19 après J.-C., Émèse en 72, Bostra sous Trajan, Adraha à la même époque ou un peu plus tard, Soueida (Dionysias) dans le courant du IIe siècle, Philippopolis (Shahba) en 244-245, Maximianopolis (Shaqqa) en 287 ou 302. Preuve que le modèle restait attractif.

Cette stèle funéraire (IIIe ou IVe siècle après J.-C.) montre un homme, Sachamèlos, et sa femme, Ennè, avec leur fille Obbè. Tandis que le père porte une toge à la romaine et un manteau, ce qui le désigne comme un notable local, les femmes arborent des coiffures compliquées et des bijoux en nombre. Si le hiératisme de cette œuvre s'explique en partie par la dureté du basalte, il trahit surtout la main d'un atelier indigène du sud de la Damascène ou du Hauran.

Les cités de Syrie ne diffèrent pas des autres cités grecques et on y observe les mêmes institutions qu'ailleurs : un conseil (*boulè*), des magistrats (archontes, agoranomes), des liturges (gymnasiarques). Comme ailleurs, la cité compte en partie pour son financement sur la générosité des plus riches (évergétisme), dûment remerciés par des statues, des titres honorifiques (« père de la cité »), divers privilèges (tombeau aux portes de la ville, places d'honneur au théâtre, etc.).

Une longue épitaphe de fonctionnaire romain (ci-dessous) indique le nombre de 117 000 citoyens pour la ville d'Apamée en 6 après J.-C. Une donnée précieuse mais difficile à exploiter qui fait néanmoins de la ville l'une des plus peuplées de Syrie.

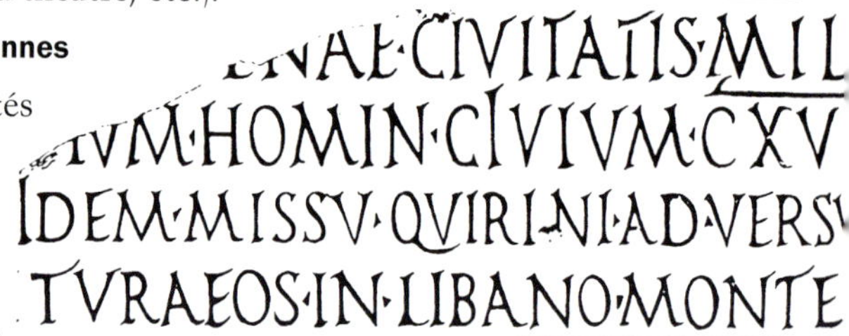

Les mégapoles syriennes

Le succès de ces cités se manifeste par leur ampleur, souvent plusieurs dizaines d'hectares, parfois plusieurs centaines (255 ha à Apamée, plus de 600 ha à Antioche), même s'ils ne sont pas entièrement urbanisés. Les chiffres de population font l'objet de vives controverses. Le seul dénombrement transmis par un texte antique concerne le territoire d'Apamée : 117 000 hommes recensés en 6 après J.-C. Mais s'agit-il de tous les hommes libres, des seuls citoyens ? À Antioche, aux IIe-IIIe siècles, la population ne semble pas être inférieure à 250 000 habitants. Mais c'est une mégapole, sans commune mesure avec les autres villes syriennes.

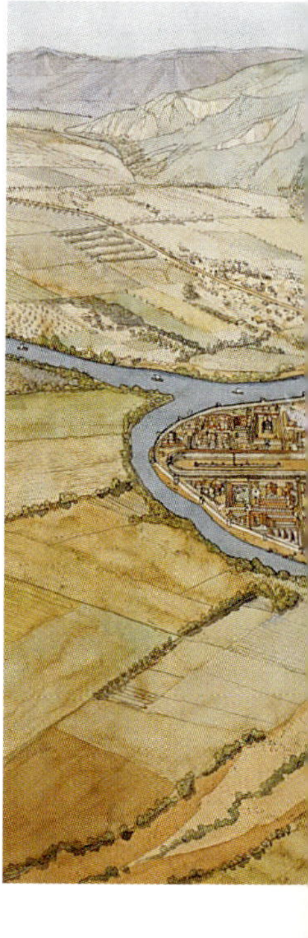

Les cités de Syrie déploient autant de luxe et de goût pour le faste que leurs semblables du monde égéen. On doit encore se contenter de descriptions littéraires pour l'époque hellénistique. Polybe décrit la beauté des sanctuaires de Séleucie au IIe siècle avant J.-C., et on peut être assurés que les Séleucides voulurent rivaliser avec les Lagides en faisant d'Antioche une ville aussi belle qu'Alexandrie. Pour l'époque impériale, la documentation devient surabondante et témoigne de la splendeur des villes syriennes. Il arrive même qu'elles donnent le ton : Antioche aurait été la première ville de l'Empire à se doter d'une rue à portiques au temps de Tibère. La mode s'en répandit partout, et notamment dans toute la Syrie, ce qui finit par donner un caractère relativement uniforme à toutes ces cités. Que ce soit à la suite des destructions entraînées par les séismes (celui de 115 laissa Antioche et Apamée en ruines), ou par simple goût d'embellissement, les villes de Syrie furent totalement rénovées sous l'Empire. En tout cas, cela ne peut correspondre à une phase d'installation importante de Romains et d'Italiens en Syrie car, en dehors de la colonie de Beyrouth, pôle de latinité qui abrita sans doute assez tôt des fonctionnaires et des juristes chargés de traduire en grec les édits impériaux, il n'existe que des individus isolés, notamment des vétérans. La transformation des villes de Syrie répond donc à d'autres nécessités, et d'abord au souci de paraître, de rivaliser avec leurs voisines.

Étendue au pied du mont Silpios, Antioche s'est constituée par la juxtaposition de plusieurs quartiers enfin réunis dans une enceinte commune au temps de Tibère. Sa longue rue principale, pavée par les soins d'Hérode et bordée de portiques, passe pour avoir servi de modèle à bien d'autres cités de l'Empire. Ville royale, elle devient avec Rome un lieu de passage fréquent des empereurs qui y résident même à plusieurs reprises au IVe siècle après J.-C.

Fondée dès 300 avant J.-C. par Séleucos Ier pour abriter une partie de l'armée séleucide, et notamment les éléphants, Apamée succéda à une colonie achéménide et sans doute à une fondation d'Antigone le Borgne. Construite sur un plateau dominant la vallée marécageuse de l'Oronte, la ville adopta le plan orthogonal des nombreuses autres fondations hellénistiques, comme Doura-Europos ou Antioche. Les 255 hectares englobés par sa vaste enceinte irrégulière restèrent toujours en partie inhabités alors que des faubourgs se développaient devant la porte nord. On ignore à quoi ressemblait la ville hellénistique, car les vestiges actuels ne sont pas antérieurs au IIe siècle après J.-C. Apamée souffrit en effet du tremblement de terre de janvier 115 qui détruisit Antioche; elle fit dans les années suivantes l'objet d'une vaste reconstruction. La très large avenue nord-sud (20 m de chaussée, 40 m depuis le fond des portiques), longue de près de 2 kilomètres, devient alors une voie triomphale, ornée de colonnades créant des effets variés (colonnes lisses, cannelées, torsadées) tandis que des colonnes honorifiques se dressent au milieu de la chaussée.

Capitale septentrionale du royaume nabatéen sous les derniers rois nabatéens, Malichos II (40-71) et Rabbel II (71-106), Bostra devint naturellement la résidence du nouveau gouverneur d'Arabie, tandis qu'une légion établissait son camp à la limite nord de la ville. Dotée du statut de *polis*, nommée *Néa Traianè Bostra* dès la création de la province d'Arabie, la ville s'enrichit dans le courant du IIe siècle des principaux édifices qui font habituellement la parure d'une cité romaine d'Orient : des thermes, un hippodrome, des arcs monumentaux, des rues à portiques, et surtout un théâtre qui doit son exceptionnel état de conservation à sa transformation en citadelle à l'époque islamique : de puissants bastions l'étayèrent de tous les côtés, tandis que la *cavea* était progressivement comblée. Un seul étage de colonnes a été redressé sur le mur de scène, qui en comptait trois. Sur les gradins du théâtre, des inscriptions signalent encore les emplacements réservés aux fabricants d'outres, aux batteurs de cuivre et aux orfèvres. L'ampleur de l'édifice (9 000 places) s'explique en partie par la présence des soldats et fonctionnaires romains qui se montraient assidus aux spectacles.

Urbanisme et architecture

Les riches maisons urbaines (ici la maison aux Consoles, à Apamée) n'affichent pas leur luxe sur les façades extérieures. Occupant tout ou partie d'un îlot entre quatre rues, elles couvrent parfois plusieurs milliers de mètres carrés, mais n'ouvrent sur la rue que par une simple porte chichement décorée; ici, deux consoles en S finement ouvragées supportent l'auvent qui protège le visiteur de la pluie et du soleil.

La plupart des villes syriennes conservaient un plan orthogonal, avec un axe privilégié, sans que le tracé des remparts ne fût modifié. Mais les édifices publics se transformèrent et se multiplièrent: sanctuaires sur haut podium (à la mode romaine), théâtres, amphithéâtres, hippodromes, arcs de triomphe, portes monumentales illustrent le goût du temps. D'autres sanctuaires, non moins somptueux, furent édifiés en empruntant à l'art gréco-romain des éléments décoratifs, sans que cela affectât la structure profonde de l'édifice. C'est le cas à Palmyre, avec les sanctuaires de Bel et de Baalshamin, et, à Baalbek, avec l'immense complexe de Jupiter Héliopolitain dont la construction se poursuivit sur trois siècles.

Le luxe se manifeste aussi dans l'habitat privé. Antioche, Séleucie, Apamée, Palmyre ont livré les vestiges d'immenses maisons d'époque impériale, souvent plus de 1 000 mètres carrés avec des cours à péristyle et des pièces de réception pavées de mosaïques qui comptent parmi les plus belles du monde méditerranéen. Les découvertes récentes de Zeugma sur l'Euphrate montrent qu'aux mosaïques s'ajoutaient souvent des peintures murales, plus rarement conservées. Même des petites villes, comme Philippopolis (Shahba) et Dionysias (Soueida), ont livré de belles mosaïques dont les sujets mythologiques témoignent de la pénétration de la culture grecque chez les élites municipales de la Syrie tout entière. Orphée, les Muses, Cassiopée, les noces d'Arès et d'Aphrodite, la dispute entre Dionysos et Héraclès, autant de thèmes iconographiques que les Grecs de Syrie partagent avec l'ensemble des élites cultivées de la Méditerranée orientale.

La « crise » du IIIe siècle ne semble guère avoir affecté les villes de Syrie. Certes, beaucoup eurent à souffrir des guerres : Doura-Europos fut définitivement abandonnée après 256 et Palmyre ne se releva pas réellement de sa capture en 272. Mais, à la différence de ce que l'on observe dans d'autres provinces où les villes du IVe siècle semblent rétrécies par rapport à celles des Ier et IIe siècles, en Syrie on ne constate pas de réelle rupture dans le développement urbain. Certes, avec le temps, il fallut réparer et reconstruire : Bostra, qui avait déjà reconstruit ses remparts dans le courant du IIIe siècle, se remet à l'ouvrage au milieu du VIe siècle. Partout on voit fleurir les églises, souvent somptueusement décorées de tapis de mosaïque.

C'est à l'intérieur que s'exprime tout le luxe des demeures privées, et en particulier dans la richesse des mosaïques qui couvrent le sol des pièces de réception aussi bien que des passages ; ici, dans le péristyle de la maison aux Colonnes bilobées à Apamée, on s'est contenté de motifs géométriques, où l'artiste a cependant multiplié les effets de perspectives et de volumes. Ailleurs, des scènes figurées révèlent le goût des propriétaires pour les mythes grecs ou les thèmes philosophiques comme le Banquet des Sept Sages.

L'art de la mosaïque atteint en Syrie des sommets à l'époque impériale et byzantine. Une mosaïque de Philippopolis (Shahba), datée de la seconde moitié du IVe siècle, représente Thétys (détail à gauche), déesse de la mer profonde, épouse d'Okéanos, reconnaissable à ses ailettes sur le front. De la même ville provient une mosaïque (ci-contre) qui met en scène à la fois Gè (la Terre), la création de l'Homme et le Temps infini. À droite, Prométhée façonne la forme humaine vers laquelle Hermès (au-dessus) conduit l'Âme, qui lui donnera vie. Au centre, Gè, entourée des Fruits-Amours et surmontée de Triptolème, l'inventeur de l'agriculture, symbolise la Fécondité de la Terre et les bonheurs qu'elle engendre. Enfin, à gauche, Aiôn, tenant le cercle zodiacal, représente le temps éternel. Ces mythes païens s'opposent aux théories judéo-chrétiennes sur les origines de l'Homme selon lesquelles ce dernier ne serait sur terre que pour souffrir. À Daphné, près d'Antioche, le cycle des Saisons, (ci-contre l'Été) très populaire, se rattache au thème de la prospérité des Temps et au retour cyclique du temps infini.

La vie culturelle

Creuset de la culture grecque durant près de mille ans, les villes de Syrie connurent une vie culturelle intense. Le rôle majeur que jouèrent dans les lettres grecques de nombreux philosophes et écrivains originaires de Phénicie dès l'époque hellénistique paraît être le meilleur signe du triomphe de l'hellénisme dans cette contrée. Une pléiade de philosophes, stoïciens, cyniques, épicuriens, sont issus de Tyr et de Sidon, bien davantage que des autres villes de Syrie. À l'époque impériale, cette tradition se poursuivit avec des gloires comme Maxime de Tyr (v. 125-185) ou Porphyre de Tyr (234-v. 305), infatigable commentateur de Platon et d'Aristote. Il faut y ajouter des savants, comme le géographe et mathématicien Marin de Tyr, et surtout l'historien Philon de Byblos, qui se présente comme le simple traducteur d'un auteur ancien, Sanchuniathon de Bérytos, mais qui rassemble en réalité ce que l'on sait, à son époque, des anciennes légendes phéniciennes. Bien que largement disparue, cette littérature grecque illustre le goût des Grecs de Phénicie pour la spéculation philosophique et leur abandon total de leur propre langue.

Épouse de Septime Sévère, Iulia Domna appartenait à une riche famille d'Émèse, sans doute apparentée à l'ancienne dynastie des Sampsigéramides. Sa famille en avait hérité la grande prêtrise du dieu local, nommé El ha-Gabal, « dieu-montagne ». Iulia Domna fut une protectrice active des lettres, curieuse de nouveautés, y compris de cette religion nouvelle qu'était le christianisme.

De nombreux Syriens hellénisés de l'intérieur ont aussi participé à l'élaboration de la culture grecque. Il est difficile de les distinguer des Grecs de souche, mais il arrive qu'ils revendiquent eux-mêmes cette origine indigène. Dès les lendemains de la conquête, Ménippe de Gadara, Phénicien devenu esclave à Sinope, est l'auteur de satires célèbres.

Son compatriote Méléagre, né vers 140 avant J.-C., fondateur de l'Anthologie grecque, revendique une triple culture araméenne, phénicienne et grecque. Sous l'Empire, des philosophes comme Longin d'Émèse (v. 205-273) et Jamblique de Chalcis (v. 245- v. 325), les romanciers Lucien de Samosate (v. 125-v. 192) et Héliodore d'Émèse (au IIIe siècle), originaire de milieux sémitiques, écrivent en grec et laissent une œuvre de première importance.

La ville apparaît comme le centre de la vie grecque. C'est là plus qu'ailleurs que s'adoptent les comportements caractéristiques du monde grec, le vêtement grec, l'usage du vin et de l'huile d'olive, la pratique du sport, l'adhésion aux valeurs de la cité (esprit de compétition et d'émulation, évergétisme), le goût pour les formes artistiques gréco-romaines.

La mosaïque des Musiciennes ornait la salle à manger d'une riche maison de Mariamin, sur la crête des monts Ansarié. Ce grand décor de pavement de la fin du IVe siècle offre l'exemple rare d'un sujet puisé dans la vie quotidienne et non dans la mythologie ou l'histoire. Des femmes jouent d'instruments divers, parmi lesquels un orgue à soufflet, deux flûtes, une lyre (ou une cithare) et un jeu de coupes métalliques servant de percussions.

Est-ce à dire qu'il faut opposer des villes « grecques » à des campagnes « indigènes » ? C'est sans doute vrai en partie, mais excessif. L'araméen paraît avoir continué d'être d'usage courant partout, y compris en ville : on traduit les sermons de Jean Chrysostome dans les églises d'Antioche à la fin du IVe siècle. À Palmyre, il est la langue officielle au même titre que le grec. Et c'est à Édesse qu'éclôt ce que l'on nomme la « renaissance syriaque » du IIe siècle, c'est-à-dire la nouvelle floraison d'une littérature araméenne avec Bardesane d'Édesse et ses élèves à la fin du IIe siècle après J.-C. et au début du IIIe, littérature bientôt nommée syriaque lorsqu'elle se met au service des chrétiens.

De fabrication locale et décorés de motifs traditionnels simples comme ceux de la nécropole de Tyr (à gauche), ou importés à grand frais d'Attique ou d'Asie Mineure, les sarcophages contribuen[t] au décor des nécropoles qui se développent le long des routes à la sortie des villes. Ils témoignent du goût des riches Syriens hellénisé[s] pour les mythes grecs en rapport avec la mort ou plus généralement pour l'ensemble des thèmes mythologiques illustrés par les grands auteurs du passé. Sur le panneau principa[l] de ce sarcophage d'Asie Mineure découvert à Tyr (ci-dessous), Priam supplie Achille de lui rendre le corps d'Hector que l'on voit à gauche tiré par un cheval.

Les nécropoles

Si peu de quartiers d'habitation ont été réellement fouillés, en dehors d'Apamée, en revanche les nécropoles conservent une foule de tombeaux luxueux. Ceux de Palmyre sont les plus spectaculaires, à cause de leur groupement à l'ouest de la ville, de leur caractère monumental et de leur décor. Des tombeaux-tours comme ceux de Jamblique et d'Elahbel illustrent la richesse des familles, leur souci de paraître aux yeux de leurs concitoyens ; les hypogées

comme celui des Trois Frères, enterrés aux portes de la ville, ne témoignent guère de moins de richesse avec leur décor peint et leurs séries de bustes funéraires.

Toute ville s'entoure ainsi de nécropoles plus ou moins spectaculaires. Autour de Bostra et de Canatha, tombeaux et hypogées voisinent avec les tombes à fosse des gens plus modestes. À Tyr, la nécropole s'allonge le long de la route qui, par la digue, quitte la ville mêlant sarcophages hissés sur de hauts socles et tombes collectives à loculi. À Sidon, de multiples hypogées trouaient le sol de la campagne, quelques-uns décorés de belles peintures aux thèmes mythologiques. À Doura-Europos comme à Zénobia (Halabiyyeh), des tours abritaient plusieurs dizaines de sépultures, sur le modèle de Palmyre.

La vallée des tombeaux, à la sortie ouest de Palmyre, ne constitue que l'une des nécropoles de la ville, peut-être la plus fastueuse en raison de l'abondance des tours funéraires. Beaucoup de ces monuments sont détruits, mais les vestiges sculptés témoignent assez du luxe de la plupart : un fronton de la tombe 36 (ci-dessus) permet d'apprécier la richesse du décor de cette construction qui devait être l'une des plus vastes et des plus riches du IIIe siècle, peut-être celle de Worod, membre d'une riche famille originaire de l'Empire perse.

Les hypogées de la côte de Phénicie, comme ceux de Palmyre ou de la Décapole, ont livré quelques beaux exemples de peintures funéraires, bien que beaucoup aient été détruits depuis le XIXe siècle. À gauche, en haut, dans un hypogée de Tyr reconstitué au musée de Beyrouth, Héraclès, identifié par sa massue, s'apprête à reconduire la belle Alceste sur terre après que celle-ci eût accepté de mourir pour sauver son époux, Admète, roi de Thessalie. À gauche, en bas, Hermès tient prêt le char d'Hadès pour l'enlèvement de Perséphone. Chaque niche abritait un sarcophage. À Palmyre, dans l'hypogée des Trois Frères daté de 140 après J.-C. (ci-contre), les corps reposaient sur des plaques de calcaire fixées aux parois par des réglettes.

Palmyre compte au moins trois types de sépultures : de simples fosses surmontées d'une stèle pour les gens modestes, des tours funéraires et des tombeaux souterrains, les hypogées. Tours funéraires et hypogées ont en commun d'être prévus pour plusieurs dizaines, voire plusieurs centaines de défunts (quatre cents emplacements dans la tour d'Elahbel). Dans l'hypogée de Iahrai (à gauche), reconstitué au Musée national de Damas, le sarcophage du propriétaire occupe un emplacement de choix, bien en vue, face à l'entrée. Celui-ci, entouré de ses proches, est étendu sur la *klinè*. Il porte la haute coiffure des prêtres de Bel. Les autres défunts sont disposés dans les loculi, les cases obturées par le portrait du mort, tel celui qui figure en bas à droite. Ce caravanier, en toge à la romaine, a tenu à faire représenter un chameau, en souvenir de son métier ou de la source de sa fortune. En haut, un petit bas-relief présente une scène de banquet, sur le modèle des couvercles de sarcophages. De nombreux hypogées comportaient trois pièces disposées autour du vestibule d'entrée. Les espaces laissés inoccupés pouvaient être loués ou vendus.

Entre Méditerranée et Asie, la Syrie fonde sa richesse à la fois sur sa position de carrefour et sur ses ressources propres. Au premier rang d'une activité artisanale répartie dans toutes les villes syriennes, le verre, la pourpre et quelques autres produits de luxe assurent sa renommée dès l'Antiquité. Mais des productions plus banales, comme celles du blé, de la vigne et de l'olivier, contribuent également à l'éclatante prospérité de la région.

CHAPITRE 3

UNE CIVILISATION FONDÉE SUR L'ÉCHANGE

Image inattendue sur un relief de Palmyre, celle d'un navire dont le propriétaire a navigué jusqu'en Scythie, sans doute l'Inde. Les bateaux sont aussi utilisés pour descendre l'Euphrate. Les chameaux assurent la traversée du désert, de l'Euphrate à Émèse, mais servent aussi pour les occasions solennelles comme les processions.

La richesse des villes repose pour l'essentiel sur trois sources de richesse : la rente foncière, la production artisanale et les échanges. Beaucoup de citadins sont d'abord de grands propriétaires fonciers, cela dès l'époque hellénistique où, probablement, de nombreux colons se contentèrent de tirer un revenu des terres qu'on leur allouait en les faisant travailler par des paysans indigènes. C'était naturellement le cas pour les membres de l'entourage royal, bénéficiaires des donations (*dôréai*) de leurs maîtres, parfois des villages entiers, avec les paysans qui y résidaient et qui continuaient d'exploiter la terre au profit du nouveau maître. À l'époque impériale, la situation ne diffère pas beaucoup. De nombreux notables civiques résident dans les campagnes, ou y possèdent d'importants domaines fonciers.

Cette étoffe de laine provenant de la tour de Kitot a été tissée à Palmyre vers 40 après J.-C. Ses motifs rappellent les décors qui ornent les arcs et les portes des monuments de la ville, comme si les mêmes cartons servaient à la fois aux sculpteurs et aux tisserands. Mais Palmyre a livré aussi de nombreuses étoffes plus fines, notamment des soies chinoises, tissées en Chine même ou sur place. Quelques-unes portent des caractères ou des motifs chinois traditionnels, d'autres, tissées à la demande des clients, reproduisent des motifs occidentaux comme des chameaux se reposant sous une vigne.

En Phénicie, un artisanat de luxe

Une tradition ancienne, attestée par la Bible, présente les Phéniciens comme d'habiles artisans et d'actifs marchands. Pour l'époque gréco-romaine, on a souvent mis l'accent sur quelques grands centres (Tyr, Sidon) et sur quelques produits artisanaux privilégiés (le verre, la pourpre) pour évoquer la prospérité commerciale des villes syriennes. Mais Tyr, Sidon, Bérytos, Laodicée possèdent aussi des ateliers très variés, où l'on transforme les produits locaux ou lointains. Ainsi, les étoffes de soie grossière arrivées d'Extrême-Orient sont retissées et teintes en pourpre ce qui leur donne une plus-value extraordinaire. On travaille aussi la laine locale, tissée dans de nombreuses villes de Syrie intérieure. On profite de la qualité du sable pour développer l'activité traditionnelle de la verrerie, l'une des spécialités les plus anciennes et les plus célèbres de la Phénicie : l'invention de la technique du verre

soufflé autour de 75-50 avant J.-C. a ouvert de nouvelles possibilités de formes, et surtout autorise des verres plus fins et plus légers. Parfums et aromates, importés d'Arabie du Sud, de la corne de l'Afrique, de l'Inde, ou produits sur place, donnent lieu à un artisanat de la pharmacie et des cosmétiques. Menuisiers, forgerons, potiers, et bien d'autres corps de métiers alimentent ainsi non seulement le marché local mais aussi l'exportation. Tout cela exige une symbiose étroite avec les campagnes environnantes qui fournissent une partie de la matière première, mais aussi des relations régulières avec les grands centres du commerce à longue distance où l'on peut se procurer les métaux (la Syrie ne possède aucun gisement métallique), les aromates, les plantes médicinales, les parfums, les étoffes de soie.

Un jeune Africain assis sur un rocher donne sa forme à ce vase provenant de Zawiyé, sur le Jawlan. Un thème exotique popularisé par les ateliers alexandrins et bien approprié pour un ustensile qui devait contenir des parfums ou des aromates importés d'Afrique ou d'Arabie du Sud.

Tous les auteurs anciens soulignent la qualité exceptionnelle des sables de la région comprise entre Ptolémaïs et Sidon et vantent l'excellence de la verrerie phénicienne. L'habileté technique des artisans verriers est remarquable, aussi bien aux époques anciennes (VIe-Ier siècle avant J.-C.) dans le verre moulé sur noyau (à droite, avec des pièces importées et des imitations locales) que dans le verre soufflé à partir du Ier siècle avant J.-C. (à gauche). Les grands centres de production de la côte exportent des blocs de pâte de verre vers les ateliers secondaires de l'intérieur, qui les fondent et élaborent à leur tour le produit fini. Quelques officines réputées, comme celles d'Ennion et du Sidonien Artas (ci-dessus), exportent leurs productions signées à travers tout l'Empire romain, jusqu'en Germanie et en Bretagne.

Un commerce maritime prospère

La Syrie est à la croisée de bien des courants d'échanges : les hommes, les idées, les produits circulent en tous sens. Durant l'époque gréco-romaine, les ports sur la côte méditerranéenne comme les oasis du désert jouissent d'une prospérité exceptionnelle.

Dès l'époque hellénistique, les ports de Phénicie accueillent les cargaisons de marchandises venues du bassin égéen. Les Phéniciens avaient une longue habitude de fréquenter l'ensemble de la Méditerranée, mais l'installation de Grecs en Syrie, la rapide hellénisation des notables indigènes créaient des besoins nouveaux : il fallait importer des produits jugés indispensables et auxquels ils étaient habitués, de l'huile, du vin. D'une manière générale, les échanges se trouvèrent facilités par l'entrée de l'ensemble du Proche-Orient dans l'économie monétaire qui n'avait guère pénétré auparavant qu'en Phénicie.

Les documents sont trop dispersés pour qu'on écrive une histoire détaillée des échanges. Mais on observe que les ports de la côte syrienne ont joué un rôle de redistribution non seulement en direction de l'arrière-pays mais aussi vers l'Égypte. Ainsi, dans les archives de Zénon de Caunos (milieu du IIIe siècle avant J.-C.), retrouvées dans le Fayoum (Égypte), figurent des bordereaux de douanes montrant que Zénon est venu acheter en Phénicie non seulement des productions locales mais des produits importés d'Athènes, des îles grecques ou des villes de la mer Noire. De leur côté, les marchands phéniciens n'hésitèrent pas à installer des succursales là où ils pouvaient trouver des marchandises : Rhodes, le Pirée, et, surtout, à partir de 167 avant J.-C., à Délos. À cette date, l'île d'Apollon fut confiée à Athènes avec obligation d'en faire un port franc. Malgré l'exiguïté du port, Délos devint pour un siècle la principale place de commerce de Méditerranée. Peu de marchandises y transitaient réellement, mais c'est là que se nouaient les

Ce bateau votif en bronze (ci-dessous) a été offert par Kerdôn, fils de Diodôros, au dieu suprême de son village, nommé Zeus Beithmarès comme l'indique l'inscription grecque qui figure sur son flanc ; l'offrande est exactement datée de 121-122 après J.-C. Bien qu'il provienne d'un village de l'intérieur, dans la Beqa'a, il a été retrouvé sur le territoire de Sidon, et l'on voit à juste titre dans cette nef trapue l'image assez exacte d'un navire de commerce phénicien à l'apogée de l'Empire. Plus tard, ce bel objet fut transformé en lampe et peut-être offert à une église.

L'îlot d'Arados ouvre ses deux ports à l'est, face à la côte, distante de 2 kilomètres. Toute l'île était ceinte d'une épaisse muraille. Pour sa subsistance, Arados devait contrôler la riche plaine côtière où se dressaient quelques villes tributaires.

relations, que se concluaient les marchés, que s'effectuaient les transactions financières. Des marchands de Bérytos et de Tyr s'y installèrent, regroupés autour du principal dieu de leur cité, Poséidon pour les uns, Héraclès pour les autres.

Les ports de Syrie eurent à pâtir du développement de la piraterie à partir dcs années 130 avant J.-C., quand elles ne souffrirent pas des guerres civiles qui ravageaient la Syrie : Bérytos fut détruite en 143 avant J.-C., Byblos laissée exsangue par un brigand local vers 65, Arados pillée par les Romains en 38 avant J.-C. Aussi, le retour de la paix après 30 avant J.-C. fut-il vivement apprécié. Les villes se relevèrent rapidement, parfois avec l'aide de l'empereur ou celle des princes voisins : Hérode offrit un théâtre à Damas. L'abondance de vestiges datant de cette période montre l'étendue des reconstructions. On en profita pour réaménager les ports, pour les rendre plus sûrs. Les principales villes maritimes disposaient de deux ports, comme Tyr, Sidon, Arados. À Séleucie de Piérie,

port militaire où stationnait une escadre de la flotte romaine (*classis syriaca*), un torrent se déversait directement dans le port et l'ensablait. Vespasien le fit détourner par un tunnel bien conservé. Le retour de la paix et ces nouveaux aménagements donnèrent un regain d'activité aux ports syriens qui bénéficiaient à la fois de l'expérience de leurs marins et de l'activité artisanale des villes côtières.

La grande rue est-ouest de la Palmyre romaine (à gauche), bordée d'édifices luxueux – le temple de Nabu (en bas), le théâtre qui devait servir de salle de réunion du conseil (*bouleutérion*), et l'agora marchande (en haut, à gauche) –, offrait aux regards les statues et les inscriptions honorifiques dressées sur des consoles de la grande colonnade. Les chefs de caravanes étaient aussi honorés à l'agora, lieu de rassemblement des marchands qui venaient à Palmyre pour y trouver les moyens de se rendre en Mésopotamie. Ci-dessus, « Moukasos, chamelier », représenté sur une mosaïque de l'église de Deir al-Adas (Hauran) appartenait sans doute à un milieu bien plus modeste : il exerçait son métier de convoyeur entre les villages de la région au VIe siècle ou au début du VIIe. Avec l'âne et la mule, le chameau participait en effet aux échanges locaux, et pas seulement aux grandes traversées du désert.

Palmyre et le commerce caravanier

Aux ports de la Méditerranée qui assurent les communications avec le monde grec et romain répondent les oasis d'où s'organise le commerce caravanier vers la Mésopotamie et la Péninsule arabique. En Syrie même, une seule oasis joue ce rôle, Palmyre. Tadmor, l'ancien refuge des Araméens du moyen Euphrate au IIe millénaire, reste dans une obscurité presque totale durant toute l'époque hellénistique. Cependant, la ville de Palmyre existe et prospère puisqu'en 41 avant J.-C., Marc Antoine lance ses troupes contre elle pour faire du butin. Les travaux récents de la Mission archéologique germano-syrienne ont retrouvé la ville hellénistique, au sud de la ville romaine, et en ont levé un plan relativement précis. Mais il faudra des fouilles pour qu'on puisse en apprécier la richesse. En attendant, la ville romaine s'expose encore dans toute sa splendeur, entre le temple de Bel à l'est et la vallée des tombeaux à l'ouest. La grande colonnade en forme l'épine dorsale, mais la ville ne se réduit pas à ce décor monumental.

La fortune de la ville repose sur sa situation de ville étape entre la Méditerranée et la Mésopotamie, à mi-chemin entre la côte et l'Euphrate. Mais sa position géographique ne suffit pas à assurer son succès. Il y fallait d'autres conditions; les Palmyréniens surent offrir aux marchands les moyens de transport nécessaires, les chameaux, mais aussi les guides et l'escorte militaire sans lesquels la traversée du désert est impossible. De plus, ils assuraient la police du désert jusqu'à l'Euphrate, au-delà même des limites de l'Empire romain, et entretenaient des relations suivies avec les tribus nomades de la région.

Un centre d'affaires entre Orient et Occident

Palmyre devait organiser des caravanes régulières, et les marchands savaient pouvoir trouver là les moyens d'aller en Mésopotamie. Certains se contentaient peut-être de venir y faire du commerce. En effet, la concentration de marchands et de marchandises en faisait un lieu propice pour nouer des affaires, emprunter de l'argent, monter des opérations de toutes sortes. Les comptes d'un homme d'affaires retrouvés dans un tombeau montrent que l'on trouvait là des manieurs d'argent qui savaient faire fluctuer les taux de l'argent en fonction des risques. Ces transactions prenaient place en ville, peut-être dans l'espace nommé par les archéologues « agora », et d'où proviennent plusieurs bases de colonnes en l'honneur des chefs de caravanes.

Palmyre elle-même ne voit guère passer les caravanes. En effet, celles-ci stationnent dans les divers caravansérails que l'on a repérés aux alentours de la ville. C'est là que les agents du fisc romain font payer les droits de douanes, 25 % de la valeur des marchandises, à l'entrée comme à la sortie, payables en monnaie romaine. Cela fait l'affaire des changeurs, qui acceptent toutes les monnaies des cités de Syrie ou d'ailleurs. La présence de

Une longue inscription bilingue (grec et araméen), très mutilée, précise le tarif de l'octroi municipal de la ville de Palmyre (ici, l'un des quatre panneaux). Les caravanes qui vont de Mésopotamie vers la Méditerranée doivent acquitter les taxes douanières romaines, mais seules celles qui apportent des marchandises dans la ville même paient les taxes de l'octroi municipal. Toute marchandise est taxée, la graisse, les étoffes, les parfums et même les prostituées, « celle qui prend un denier ou plus, [sera taxée d'] un denier, et si elle prend moins, [le publicain] percevra autant qu'elle prend » !

marchands favorise l'activité des auberges, des tavernes, des bordels même.

La douane de Palmyre n'est pas la seule, il en existait d'autres aux principaux points de passage vers l'Empire parthe (puis perse). Mais on trouve aussi des péages, par exemple au passage des ponts, sans compter les octrois municipaux. Autant d'entraves au développement des échanges, que ne compense guère l'effort de Rome pour construire partout des routes en dur, utilisables toute l'année. Car ces voies pavées servent surtout à l'armée, ou aux charrettes. Or l'essentiel des transports se fait en Syrie à dos de chameaux, de mules ou d'ânes, qui détestent les sols trop durs.

Près du théâtre de Palmyre, les boutiques alignées le long de la rue s'ouvrent par d'étroites portes décorées. À l'arrière, les colonnes cannelées appartiennent au supposé sanctuaire municipal du culte impérial, le Kaisareion, placé le long de la grande rue mais séparé par un portique. Ces longues colonnades masquaient aussi l'aspect irrégulier des constructions et du plan.

Parée comme pour une fête, cette riche Palmyrénienne évoque l'image de la reine Zénobie, telle que la décrit l'auteur de l'*Histoire Auguste* lors du triomphe d'Aurélien à Rome : « Elle était parée de pierreries si énormes qu'elle croulait sous le poids de ses joyaux. Elle dut en effet, dit-on, s'arrêter très fréquemment, en dépit de son énergie, en se plaignant de ne pouvoir supporter le fardeau de ses

pierreries. » D'or ou d'argent, toujours soigneusement travaillés, les mêmes bijoux se retrouvent aujourd'hui encore portés par les bédouines qui conservent ainsi une partie de la fortune familiale.

Le droit de battre monnaie

L'époque gréco-romaine marque l'entrée de la Syrie dans l'économie monétaire. Mais la situation a varié au cours du temps. À l'arrivée d'Alexandre, seules quelques cités phéniciennes émettaient des monnaies dont l'usage ne dépassait guère la côte. Alexandre laissa subsister les ateliers phéniciens, qui travaillèrent désormais pour lui, et il y ajouta un atelier à Damas, le premier dans l'intérieur de la Syrie. Séleucides et Lagides battirent ensuite monnaie dans ces cités, mais les Séleucides créèrent aussi des ateliers à Antioche, Séleucie, Édesse, Nisibis, et dans d'autres villes de Syrie du Nord et de Mésopotamie.

Dès 259 avant J.-C., Arados obtint le droit de battre monnaie à son nom, inaugurant ainsi un monnayage civique. À la fin du IIe siècle avant J.-C., le même privilège s'étendit à Tyr (126), à Sidon (112), puis à plusieurs villes de Syrie. Circulaient ensemble monnaies royales et monnaies civiques, ainsi que des monnaies émises par des cités d'Asie Mineure, de Thrace ou de Grèce, toutes suivant le même étalon.

Rome ne chercha pas à imposer sa propre monnaie. Elle laissa subsister les monnaies civiques, et continua d'abord les frappes royales

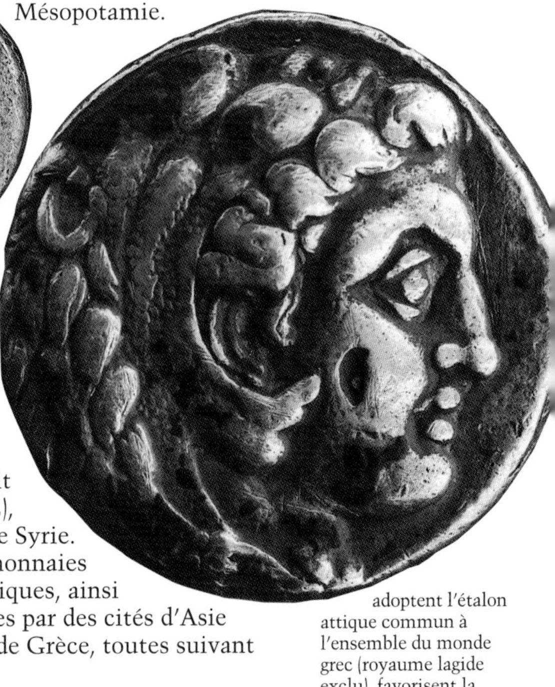

L'une des premières préoccupations d'Alexandre à son arrivée en Syrie est de faire battre monnaie à son nom par les ateliers de Phénicie (à gauche, recto et verso d'un alexandre d'argent frappé à Arados à la fin du IVe siècle avant J.-C.) et à Damas : ainsi, les moyens nécessaires au paiement des troupes n'ont plus à être transportés depuis la lointaine Amphipolis de Thrace. Les Séleucides, en même temps qu'ils adoptent l'étalon attique commun à l'ensemble du monde grec (royaume lagide exclu), favorisent la circulation des monnaies syriennes hors de leur royaume.

séleucides, se contentant parfois d'y apposer une contremarque. Ce n'est qu'en 5 avant J.-C. qu'apparurent les premières monnaies avec le portrait d'Auguste, tandis que l'atelier d'Antioche émettait d'abondantes séries de monnaies de bronze marquées « SC », la marque du Sénat. Mais parallèlement aux monnaies de dénomination romaine (denier d'argent, sesterces, as de bronze) circulaient des monnaies civiques de plus en plus nombreuses, tétradrachmes d'argent ou monnaies de bronze. En réalité, peu de cités frappèrent l'argent et la plupart des émissions furent de bronze, destinées à la circulation locale. Avec le temps, presque toutes les cités de Syrie battirent monnaie, y compris de petites cités. Mais leurs émissions sont très irrégulières (tous les vingt ou trente ans, voire plus) et peu abondantes. L'apogée est atteint sous les Sévères, où le nombre de cités battant monnaie atteint son maximum. Comme partout ailleurs dans la partie orientale de l'Empire, les émissions civiques cessent vers le milieu du IIIe siècle. Seules circulent désormais les monnaies impériales, sous les diverses dénominations qu'elles prennent avec le temps. La situation ne varie plus jusqu'à la conquête arabe.

Symbole de souveraineté, la frappe de la monnaie est en principe réservée au roi. Néanmoins, de nombreuses villes de Syrie obtiennent le droit de battre monnaie, essentiellement en bronze mais parfois aussi en argent : Arados (ci-contre, au centre), Tyr, Sidon (en bas), Laodicée (en haut) et bien d'autres. Toutes s'empressent de faire figurer sur leurs pièces leurs emblèmes, notamment l'image de la Tychè (Fortune) de la ville. Ces émissions se poursuivent sous l'Empire romain, jusqu'au milieu du IIIe siècle après J.-C. Mais Rome fait aussi frapper à Antioche, sous l'autorité du Sénat de Rome des bronzes (ci-dessous, l'un d'eux frappé « SC », *Senatus Consulto*) qui connaissent une large diffusion dans toute la province.

Adossée à la steppe et au désert, la Syrie jouit de conditions naturelles propices à une grande variété des ressources. Si la trilogie méditerranéenne (céréales, vigne, olivier) y prospère naturellement, les cultures des oasis trouvent leur place à Palmyre et dans la moyenne vallée de l'Euphrate (palmiers, grenadiers), tandis que l'élevage, omniprésent, associe les pratiques des sédentaires et celles des nomades.

CHAPITRE 4

PAYSANS, PASTEURS, NOMADES

Lourdement chargé d'une hotte, ce paysan d'une fresque de Tyr illustre la place de la viticulture et des vergers dans l'agriculture syrienne. Ce bœuf à bosse d'un relief de Palmyre (vers 200) souligne de son côté l'importance de l'élevage, tant dans la steppe où règnent le chameau et les ovins, que dans les régions plus arrosées, où les bovins prospèrent.

En Syrie du Sud, sur la grande mosaïque de Deir el-Adas, datée du début du VIIe siècle, un vendangeur coupe une grappe sur une vigne accrochée haut dans les arbres, tandis qu'à ses côtés un oiseleur s'empare d'un volatile qu'il avait dû piéger par quelque artifice. Le thème de la vigne figure souvent sur les monuments chrétiens de Syrie, en raison de son caractère symbolique, mais il est aussi lié à la diffusion quasi universelle de cette culture dans tout le pays.

On ne saurait oublier que la majorité de la population, dans une proportion écrasante, vivait à la campagne. Et, par chance pour les archéologues, les historiens et les touristes, les campagnes syriennes ont conservé les traces spectaculaires de la vie rurale antique. Que ce soit les villages du Hauran, les temples de la montagne libanaise, les « villes mortes » de Syrie du Nord, il n'y a guère de région qui ne porte la marque visible de la civilisation villageoise de la Syrie gréco-romaine.

L'hellénisme au cœur des campagnes

On pourrait songer à opposer villes et campagnes en matière de population. Certes, les campagnes paraissent presque imperméables à l'influence grecque durant l'époque hellénistique. Du moins est-ce l'impression qui se dégage pour l'instant faute de découvertes nombreuses de cette époque. Ainsi, le village de Umm el-Amed près de Tyr reste-t-il entièrement phénicien de langue et de culture. Mais, près de Soueida, le sanctuaire indigène de Khirbet al-Massakeb, très traditionnel dans sa structure, n'est pas coupé du monde méditerranéen : on y a trouvé des lampes éphésiennes.

Avec l'époque impériale, la situation change rapidement. Le grec fait son apparition dans les villages, notamment dans les nécropoles. Sans doute le fond de la population reste-t-il largement sémitique, mais l'acculturation commence à s'opérer en même temps que des habitants de culture grecque (et parfois latine) s'installent dans les villages. Ainsi, des citoyens romains habitent des villages du Massif Calcaire : vétérans ? colons à la recherche de terres ? notables indigènes promus à la citoyenneté ? Sans doute un peu des trois. On observe le même phénomène en Syrie du Sud, où les vétérans sont un peu plus nombreux. En tout cas, il serait absurde d'opposer villes et campagnes comme s'il s'agissait de deux mondes différents sur le plan de la culture et du peuplement.

Céréales, vigne et olivier : la trilogie méditerranéenne

La richesse agricole de la Syrie varie selon les secteurs, mais dans l'ensemble, le pays offre de belles possibilités, avec ou sans irrigation. Presque partout l'agriculture sèche obtient de bons résultats, y compris dans des secteurs qui apparaissent aujourd'hui désolés, aux marges de la steppe, ou sur des montagnes déboisées. En réalité, toute la côte et la montagne qui la borde sont très arrosées. Les précipitations décroissent lorsqu'on s'éloigne vers l'est, d'autant plus vite que les montagnes côtières sont plus hautes et font écran : c'est ce qui explique que Damas,

Sous les traits de jeunes dieux comme Éros et Hermès, ces terres cuites hellénistiques de Kharayeb (Liban) figurent des bergers ramassant des fruits dans leur tunique relevée ou portant des agneaux sur leurs épaules. Les prémices des récoltes comme les plus beaux animaux sont en effet destinés à être offerts aux dieux protecteurs de la nature et garants de son perpétuel renouveau, tel Baalshamin ou Adonis dont la mort et le retour symbolisent le cycle annuel par lequel la végétation vit, meurt et renaît.

à 70 kilomètres de la côte, soit déjà en zone aride, alors qu'Alep, beaucoup plus éloignée, ne l'est pas. En fait, l'agriculture syrienne n'est que rarement une culture d'oasis : Damas, Palmyre et quelques villages voisins, la moyenne vallée de l'Euphrate seuls peuvent être considérés comme tels.

En fonction des précipitations et de l'altitude (il neige régulièrement sur les sommets du Liban, de l'Anti-Liban, du Jebel Druze), la Syrie possède une agriculture de type méditerranéen classique, reposant sur la céréaliculture, la vigne et l'olivier. Ces deux dernières cultures se sont fortement développées depuis l'époque hellénistique pour répondre à la demande des Grecs et des Syriens hellénisés et elles occupent de vastes secteurs du pays, notamment dans le Massif Calcaire (pour l'olivier), à proximité de Laodicée, de Damas et dans le Hauran (vigne). Ni l'huile, ni les vins de Syrie ne jouissent d'une bonne réputation à l'extérieur et ils ne font donc guère l'objet de commerce à longue distance, mais ils alimentent les grandes villes de Syrie et, pour une part, les populations des oasis d'Arabie qui viennent chercher dans le Hauran à la fois du blé et du vin.

L'économie pastorale et ses ressources

Mais cette « trilogie méditerranéenne » ne constitue qu'une partie des productions agricoles syriennes. Il faut faire une place de choix

Ce veau en bronze est dédié « au dieu Orion », dit la dédicace grecque gravée sur le socle, rappelant à la fois la place de l'élevage bovin dans les campagnes de Syrie, et celle de la chasse dans les zones de marge. En effet, le héros béotien Orion, qui n'est habituellement pas considéré comme un dieu, passe d'abord pour être un grand chasseur dont s'éprit Aurore.

à l'élevage. Comme sur toutes les rives de la Méditerranée, chèvres et moutons dominent, chez les sédentaires et chez les nomades. Mais la Syrie se distingue par le développement de l'élevage du gros bétail dans certaines régions, et par la spécialisation des nomades dans l'élevage des chevaux et des dromadaires.

Les découvertes récentes ont attiré l'attention sur la présence presque systématique d'étables, avec mangeoires placées haut, au rez-de-chaussée des maisons d'habitation de Syrie du Sud. On en déduit que l'élevage de quelques bovins et, peut-être, de quelques chevaux était de règle.

Par ailleurs, les nomades jouent un rôle essentiel dans cette économie pastorale. On associe trop systématiquement les Arabes au commerce à longue distance. Certes, quelques-uns s'y adonnent,

Les mosaïstes font grand usage des scènes de genre, notamment pour les bordures des mosaïques, qui leur donnent l'occasion d'étaler leur virtuosité technique dans le dessin comme dans la couleur. Sur cette mosaïque de Daphné, près d'Antioche, un jeune berger, équipé d'une trompe fabriquée avec une corne et d'un panier, surveille ses boucs et ses moutons qui broutent alentour.

mais les plus nombreux ne sont qu'éleveurs. Les premières traces de Nabatéens dans le Hauran, qui remontent au milieu du IIe siècle avant J.-C., témoignent qu'ils y faisaient paître leurs troupeaux. Ceux que l'on a longtemps nommés « Safaïtes », originaires d'Arabie du Sud, parcourent le désert de pierre (*harra*) à l'est du Jebel Druze au plus tard au Ier siècle avant J.-C. Éleveurs de chameaux, accessoirement de chèvres et de moutons, ils ont laissé plus de vingt mille inscriptions sur les rochers du désert, où ils décrivent leur mode de vie, leurs espoirs, leurs craintes, invoquent leurs dieux, se réjouissent de retrouver la marque de leurs ancêtres, qu'ils énumèrent longuement.

La présence d'Arabes éleveurs chameliers est également attestée à Palmyre, à la fois par les noms de certains individus et l'installation de dieux typiquement arabes, comme la grande déesse guerrière Allat. On est moins bien renseigné pour les autres secteurs, mais Strabon souligne qu'au début de l'Empire, la vallée de l'Euphrate est contrôlée par plusieurs groupes nomades qui vivent à la fois du pillage des caravanes et de l'élevage des chameaux.

Après la chute de Zénobie et de Wahballat, d'autres tribus montées d'Arabie nomadisent dans la région, et la présence arabe se renforce. Les Ghassanides, au VIe siècle, installent leurs quartiers aussi bien

Nombre de tribus nomades ont laissé leur marque dans le désert, au long de leurs parcours habituels, en particulier entre la Damascène et le nord de l'actuelle Arabie Saoudite. Gravés à la pointe, inscriptions et dessins illustrent les joies et les difficultés de la vie quotidienne : ici, la rentrée des animaux dans l'enclos pour la nuit (ci-dessous) et la chasse à l'autruche (en bas). Les textes empruntent leur écriture aux alphabets d'Arabie du Sud.

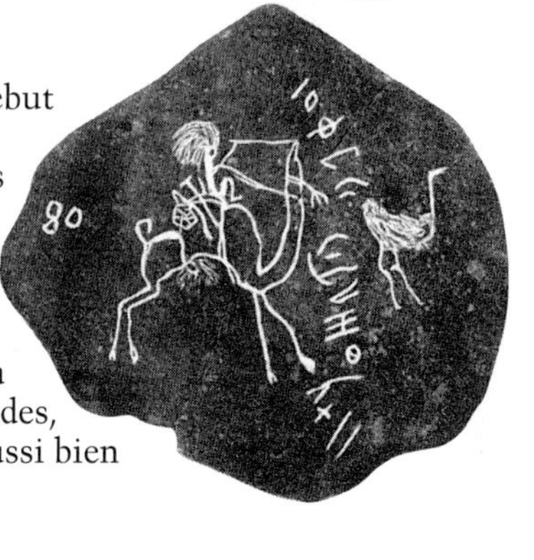

dans le Hauran que sur le Jawlan et jusque dans la région de l'Euphrate; leur centre principal se trouve à Résafa.

Un pays de villages

Quelle que soit l'importance des nomades dans l'économie agraire de la Syrie, le pays reste d'abord un pays de sédentaires et donc de villages. On les connaît bien grâce à l'abondance des vestiges conservés aux deux extrémités du pays, dans le Massif Calcaire au nord, le Hauran au sud : plus de sept cents villages, depuis le IIe siècle jusqu'au début du VIIe siècle après J.-C. !

Sans entrer dans le détail d'une chronologie encore incertaine, il semble que ces villages prennent leur essor à partir du IIe siècle de notre ère, parfois dès le Ier siècle, comme les villages issus de la colonisation hérodienne en Syrie du Sud. Les maisons rurales, quelle que soit leur importance, procèdent d'un même type de plan, un bâtiment rectangulaire précédé d'une cour, avec deux étages. Le rez-de-chaussée est réservé à l'exploitation, l'étage à l'habitation.

Dès le IIe siècle, les massifs calcaires de Syrie du Nord, depuis la région d'Apamée jusqu'aux abords d'Antioche, se couvrent de villages (ici, Serdjilla, dans le Jebel Zawiyé) pratiquant la culture des céréales, de la vigne et, surtout, de l'olivier. Le caractère dénudé de la région jusqu'à une époque récente ne doit pas faire illusion : en réalité, ces massifs, bien arrosés, possèdent suffisamment de sols issus de la décomposition du calcaire (terra rossa) pour qu'une agriculture sèche s'y développe avec succès, pour peu que les paysans puissent attendre quelques années qu'entrent en production vignes et oliviers.

Les villages de Syrie atteignent une sorte de pic de prospérité entre le IVe et le VIIe siècle, au nord comme au sud du pays. Serdjilla, au nord d'Apamée, offre un bon exemple d'un village byzantin de cette période. La richesse s'exprime d'abord dans la qualité de la construction en pierres soigneusement taillées et ajustées à joints vifs, ce qui a permis à nombre d'édifices de résister aux séismes. Elle se manifeste encore dans la taille des demeures privées, grandes fermes à étage précédées d'une vaste cour – ce qui assure un relatif isolement à chaque unité d'habitation – et dans celle des très nombreux tombeaux, souvent somptueux. Les édifices publics ne sont pas en reste, qu'il s'agisse des temples, là où ils subsistent, ou des églises qui les remplacent à partir du IVe siècle. Chaque village en abritait plusieurs, généralement à nef unique, de même, que des auberges, des salles de réunions des hommes, des thermes… autant d'édifices qui participaient à la sociabilité villageoise. Serdjilla donne une bonne impression de ces « villes mortes » qui constituent un élément essentiel du patrimoine archéologique syrien.

La richesse ne se marque pas dans le plan, mais dans les techniques de construction, le décor, l'existence ou non d'un portique de façade. Certaines maisons possèdent une tour élevée qui a une fonction de surveillance. Pressoirs et huileries édifiés à proximité ou au milieu des champs renseignent sur les activités principales. Il s'y trouve aussi souvent un temple, quoique parfois celui-ci soit situé à l'écart, sur une colline voisine, et soit alors le bien commun de plusieurs villages voisins. Très tôt, le christianisme a pénétré ces villages et, dès le Ve siècle, on y repère églises et monastères.

Après une première phase de grande activité au IIe siècle et au début du IIIe, les villages connaissent leur extension maximale entre 350 et 550. C'est aussi l'époque où certains villages s'installent à la limite de la steppe, peut-être pour faire face à la pression démographique, dans le Hauran comme en Chalcidique. Ces villages abritent des structures collectives fortes. Les inscriptions font connaître

Les villages antiques de Syrie du Sud conservent de belles fermes, comme celle d'Inkhil (Neeila), reconstituée ci-dessous, entre Damas et Deraa. Le rez-de-chaussée abrite les locaux d'exploitation, notamment l'étable à bovins dont on aperçoit les mangeoires à droite. Un escalier extérieur donne accès à l'habitation située à l'étage. Par manque de bois, charpentes et planchers sont constitués de dalles de basalte reposant sur des arcs surbaissés portés par des piliers engagés dans les murs.

en Syrie du Sud les institutions des villages, avec des magistrats, un trésor commun, à la manière des cités voisines, dont ces villages ne dépendent pas, pour la plupart. En Syrie du Nord, au contraire, les villages appartiennent aux territoires civiques d'Antioche, d'Apamée, de Chalcis et d'autres cités de moindre notoriété.

Par deux fois, en 250, puis un peu avant 550, c'est la peste qui semble porter un coup d'arrêt à la prospérité et à l'expansion. Certes, les destructions occasionnées par les invasions portent leur part de responsabilité, mais le déclin ou, du moins, la stagnation, des campagnes s'amorce bien avant les bouleversements politiques du VIIe siècle.

Équipement indispensable de toute installation agricole en Syrie du Nord comme du Sud, le pressoir à huile ou à vin (ci-dessus, une huilerie de Serdjilla) fournit de précieuses indications sur les cultures syriennes. Au nord, la culture de l'olivier occupe les massifs aujourd'hui désolés, de même que la vigne. Pourtant, ni le vin, ni l'huile de Syrie ne jouissent du moindre prestige à l'extérieur (en dehors d'un cru de la région de Laodicée). Au sud, la vigne est plus répandue, et les pressoirs sont parfois installés au cœur même des vignobles, que l'on surveille depuis des tours disséminées dans la campagne. Là encore, la consommation est essentiellement locale, mais une partie se trouve néanmoins exportée pour les populations des oasis d'Arabie du Nord (La Mekke, Médine), au moins au début du VIIe siècle.

ΜΟΚΙΜΕ
ΒΑΡΕΙΧΕ
ΤΟΥΑΜΡΙ
ΑΜΕΟΥ
ΑΛΥΠΕ
ΧΑΙΡΕ

Les dieux sont le reflet des hommes. Autant de peuples, autant de panthéons divers, en dépit d'inévitables similitudes, et, à la longue, de syncrétismes et de métissages. Tous les dieux peuplent la Syrie, ceux des peuples sémitiques depuis longtemps, ceux des Grecs et des Romains, d'autres venus d'Égypte ou d'Anatolie.

CHAPITRE 5

LES MONDES DIVINS

Ce prêtre de Palmyre, vêtu d'une tunique et d'un manteau à la romaine, porte la coiffure caractéristique de sa fonction; l'inscription bilingue, en grec et araméen, indique son nom, Monimos, et son patronyme, mais seul l'araméen donne la date: 449 de l'ère séleucide, soit 138 après J.-C.

Les panthéons syriens mêlent des dieux de toutes origines. Attribuées à l'époque hellénistique, les statuettes en plomb de 'Ayn al-Djoudj, près de Baalbek, que les fidèles jetaient dans la source sacrée en ex-voto, offrent l'image réduite (7-8 cm) des dieux de Baalbek (ici, un Jupiter-Hadad).

Des dieux par milliers

Chez les Phéniciens, pas d'unité, car chaque ville possède son propre panthéon. À Tyr, c'est Melqart, le « Seigneur de la ville », qui domine, de très loin et depuis longtemps. À Sidon, le principal sanctuaire, hors les murs, abrite un dieu guérisseur, Eschmoun. À Bérytos, un dieu marin que les Grecs nomment Poséidon forme un couple avec une Ashtarté, déesse de la fécondité et de la végétation. À Byblos, une Baalat, une « Maîtresse », est vénérée, bien qu'Adonis occupe les hauteurs, aux sources du Nahr Ibrahim. Ces grands dieux n'épuisent aucunement la richesse du panthéon phénicien, qui compte à la fois des dieux et déesses de la nature, des dieux guérisseurs et secourables, des maîtres du ciel, et une foule de divinités locales, comme ce « Maître de la Danse », Baal Marqod, qui possède son sanctuaire au-dessus de Bérytos, à Beit Méri.

On retrouve bien des caractères semblables chez les dieux des Araméens, ceux qui veillent au salut et à la prospérité des villes et villages de l'intérieur du pays. Trois divinités dominent : une grande déesse et deux dieux puissants. Atargatis, la « déesse syrienne » (*Dea Syria*) par excellence, maîtresse des animaux et de la nature sauvage, garantit le retour régulier de la végétation et du cycle des saisons. Baalshamin, maître du ciel, assure l'abondance.

De la grotte d'Afqa, dans l'arrière-pays de Byblos, jaillit une source permanente, symbole de vie et de fécondité. Là fut fixée la légende d'Adonis-Tammouz, le jeune dieu qui, victime d'une déesse jalouse, meurt et revient chaque année. Célébré à Athènes dès le Ve siècle avant J.-C., son culte, est assimilé assez tôt à d'autres divinités similaires, tels Osiris ou le phrygien Attis.

Hadad, enfin, maître de l'orage et de la pluie, est un « seigneur de l'opulence ». Chacun peut prendre un visage spécifique selon le lieu où il est honoré, et les épithètes topiques comptent sans doute plus que le nom générique du dieu. Ainsi, Hadad est-il vénéré comme « seigneur de Damas » et « seigneur de Baalbek » dans ces deux villes. Les Grecs et les Romains font de même en nommant toujours le premier Zeus Damaskènos, et le second Jupiter Heliopolitanus.

Ces panthéons n'épuisent pas la diversité des dieux sémitiques, car s'y ajoutent ceux des Arabes. La grande déesse guerrière Allat (ou Lât chez les nomades du *harra*), l'étoile du matin al-Uzza, Doushara, le dieu dynastique des Nabatéens, et la multiplicité des dieux de tribus et de villages. À Palmyre, plus de soixante divinités apparaissent dans les textes. Le grand maître du panthéon local est un dieu indigène, originaire de l'oasis, Bôl, mais que le rapprochement avec la Mésopotamie a fini par faire nommer Bel. Il est entouré d'acolytes comme Iahribôl, Aglibôl, Malakbel, mais bien d'autres dieux bénéficient d'un culte. Dieux mésopotamiens comme Nabu, dieux araméens comme Baalshamin, dieux arabes comme Allat. À Doura-Europos, si les dieux de Palmyre semblent vénérés par les seuls Palmyréniens, d'autres viennent d'horizon divers comme

Ce trône d'époque hellénistique découvert à 'Ayn Baal, dans la région de Tyr, était vraisemblablement dédié à Ashtarté. Il est flanqué de deux sphinx ailés dans l'attitude de la marche et supporte le bétyle, haute stèle dressée qui n'est pas l'image de la déesse mais le symbole de sa présence, le lieu de son séjour ici-bas, sa « maison » (c'est le sens littéral du mot bétyle).

Aphlad ou Azzanathkona. La variété n'est pas moins grande dans les villages de Syrie du Sud où l'on retrouve à la fois ces mêmes dieux, et d'autres, purement locaux comme Théandrios à Canatha, ou ces dieux anonymes désignés sous la forme « dieu de Untel », propres à un village ou un petit groupe de villages.

Les Grecs sont venus aussi avec leurs dieux, ceux de leurs cités d'origine, ceux de la dynastie macédonienne ou des nouveaux rois, implantés dans les villes nouvelles. Mais il est vrai que l'on décèle difficilement ces dieux importés, du moins à l'époque hellénistique. Cependant, ils apparaissent à Antioche où le sanctuaire d'Apollon de Daphné abritait de brillantes fêtes. Mais la difficulté reste le plus souvent de savoir si, sous le nom grec, se cache un dieu grec ou un dieu indigène.

Pour les Romains, l'apport est plus mince, car il n'y a guère que dans les colonies de Bérytos et d'Héliopolis que des dieux romains ont été installés, Diane, Mercure, Mater Matuta, Junon, etc. Mais, comme pour les dieux grecs, il faut se montrer prudent car sous un nom latin peut se cacher un authentique dieu indigène : Jupiter Heliopolitanus – Héliopolis est le nom grec de Baalbek – n'est autre que Hadad.

Cette main votive en bronze où s'inscrit une image du Mercure d'Héliopolis provient du sanctuaire de Niha, près de Baalbek. Encadré par des animaux mal identifiés, coiffé du haut polos, Mercure est représenté comme le grand dieu de la ville.

Les dieux du salut

Deux catégories divines enrichissent encore les panthéons syriens. En premier lieu, les dieux universels, dieux du salut, qui, quelle que soit leur origine, ont fini par s'implanter partout. La Syrie elle-même a donné naissance à au moins l'un d'entre eux, Atargatis, la *Dea Syria* honorée dans toute la Méditerranée. On a longtemps prétendu que la présence d'Atargatis et d'Adonis avait en quelque sorte empêché la diffusion d'autres cultes de même nature. Les découvertes récentes ruinent cette opinion. Isis, attestée dès l'époque hellénistique à Laodicée, a été trouvée à plusieurs reprises en Syrie et en Jordanie. L'iranien Mithra, dieu des soldats par excellence, est attesté en Syrie par deux *mithraea* somptueux, à Doura-Europos (où il est peint) et à Sidon (où les sculptures sont conservées); ils pouvaient passer pour exceptionnels jusqu'à ce que, dans les dernières années, quatre nouveaux *mithraea* n'aient été mis au jour, deux à Dolichè (Turquie), un à Huarte en Apamène, avec de magnifiques fresques, un dernier à Sha'arah dans le Hauran.
Il devient difficile de prétendre que la Syrie s'est contentée de ses propres dieux en matière de cultes du salut.

Sur ce relief provenant de Doura-Europos, Aphlad, « appelé dieu du village d'Anath de l'Euphrate », précise l'inscription, est vêtu en soldat romain, debout sur un couple de griffons. À sa droite, l'un de ses fidèles, Adadiabos, fils de Zabdibôlos, procède à des libations sur un petit autel placé près de la statue du dieu.

Les dieux locaux coexistent avec des dieux plus universels, tel Mithra, particulièrement en honneur chez les militaires. Du *mithraeum* de Sidon, dont l'emplacement est aujourd'hui inconnu, provient un superbe ensemble de sculptures offert en 389 après J.-C. par Flavius Gerontios, dont la pièce maîtresse représente le sacrifice du taureau par le dieu (ci-dessous).

Le culte des souverains

Il faut en second lieu faire une place au culte des souverains. Cette tradition grecque, inaugurée par Alexandre dès 334, a été reprise par tous les souverains lagides et séleucides, d'abord pour les souverains morts, puis pour le souverain régnant et son épouse. En Syrie, rares en sont les attestations, mais leur petit nombre suffit à en garantir l'existence. Les fidèles se recrutent parmi les gens de cour et les soldats, et la masse de la population n'est guère touchée. À l'époque romaine, la tradition fut reprise au profit des empereurs. Un culte impérial fut organisé à Antioche dès le règne d'Auguste, et le premier grand prêtre provincial fut un descendant de colons macédoniens d'Apamée, Dexandros. Des cérémonies avaient lieu à Antioche, mais aussi à Tyr et, plus tard, à Damas et à Samosate. Par ailleurs, des cités organisaient un culte municipal de l'empereur, parfois en l'associant à des dieux de la cité et lui dédiant des concours (Damas, Laodicée, Tyr).

Syncrétisme et métissage

Ce panorama ne rend pas compte des phénomènes de syncrétisme et de métissage à l'œuvre dès l'époque hellénistique. Les Grecs avaient reconnu depuis longtemps que des dieux « barbares » ressemblaient aux leurs, et ils acceptaient volontiers l'idée qu'ils avaient eux-mêmes empruntés leurs dieux à d'autres peuples. Déjà au Ve siècle avant J.-C., Hérodote identifiait Melqart de Tyr à Héraclès. Le processus s'accéléra et devint systématique à l'époque hellénistique. De leur côté, les indigènes hellénisés trouvaient aussi leur avantage à ces changements de noms : ils continuaient à vénérer leurs dieux ancestraux sous l'aspect de dieux grecs. Ainsi, les dieux de la Syrie prirent en grand nombre des noms grecs : Ashtarté

Rompant avec la tradition arabe, la déesse guerrière Allat fait l'objet à Palmyre de représentations anthropomorphes. Sur ce relief (IIe-IIIe siècle après J.-C.) provenant de Khirbet es-Sané, en Palmyrène du Nord-Ouest, elle apparaît encadrée par des lions, symboles de puissance, armée de la lance, protégée par un casque et un bouclier. Un fidèle habillé à la romaine lui rend hommage et fait brûler de l'encens sur un autel à feu, un pyrée, placé à côté de la déesse.

Sur le socle, une inscription indique : « À Allat et Rahim, a fait en action de grâces, Rabbel fils d'Awida, fils de Yadai, et que soit commémoré Salmâ, fils de Cassianus. »

À Doura-Europos comme à Palmyre et dans tout le monde antique, brûler des aromates et des parfums constitue l'un des gestes d'offrande les plus appréciés des dieux. Sur une fresque du temple dit « des dieux palmyréniens » (IIe siècle après J.-C.), un prêtre, coiffé du haut bonnet caractéristique de sa fonction, exécute les gestes rituels au nom du fidèle placé derrière lui et de toute sa famille. Dès l'époque d'Alexandre, de grandes quantités d'encens furent détournées vers le monde grec. Placée au débouché principal des routes d'Arabie du Sud, la Syrie n'avait guère de peine à se procurer aromates et parfums en quantité. Parties du Yémen (l'Arabie heureuse des Anciens), les caravanes gagnaient en soixante-dix jours les ports de la Méditerranée (notamment Gaza) ou les principales villes de Syrie. Les Nabatéens, contrôlant tout le nord de la Péninsule arabique, jouaient un rôle essentiel dans ce trafic, pas tant comme marchands que comme convoyeurs. Rome échoua à s'emparer du pays de l'encens (expédition d'Aelius Gallus au Yémen en 25 avant J.-C.) et celui-ci resta donc un produit de luxe, réservé aux offrandes faites aux dieux et à l'empereur.

s'identifia à Aphrodite, Baalshamin et Hadad à Zeus, Eschmoun à Asclépios, l'arabe Allat à Athéna. Parfois on ignore même le nom du dieu indigène primitif : qui se cache derrière Lycurgue et Théandrios dans le Hauran ? Mais, tous les dieux ne subirent pas cette assimilation par le nom, ou seulement dans quelques occasions. Atargatis est parfois nommée Leucothéa, mais plus souvent garde son nom; de même, Doushara n'est que rarement nommé Zeus, Adonis était trop familier aux Grecs pour changer de nom. À Palmyre, les dieux conservent au pire les deux noms, comme Arsou-Arès, Nergal-Héraclès, mais d'autres ne furent pas « hellénisés » comme Bel et ses acolytes.

En marbre importé d'Asie Mineure, l'Athéna-Allat de Palmyre n'aurait pas déparé un sanctuaire athénien du Vᵉ siècle.

Des dieux aux multiples visages

Cette assimilation influe parfois sur les représentations ou sur le mythe. Lorsque Atargatis est honorée comme Leucothéa dans les villages du mont Hermon, le mythe de Mélicerte, l'enfant noyé par la colère de Zeus, lui est associé. Pour beaucoup de dieux, notamment les dieux arabes, il n'existait pas de tradition iconographique. Chez les Arabes, les images sont exclues et seule une pierre dressée, un bétyle symbolise la présence du dieu. Cependant, l'interdit des images s'estompe dans les milieux arabes hellénisés : Palmyre regorge d'images des dieux. Mais comment représenter des dieux que l'on n'a jamais imaginés ? En allant chercher le modèle du côté du dieu grec auquel on identifie le dieu arabe. Ainsi, dans le sanctuaire d'Allat à Palmyre, la statue de culte n'est autre que la réplique d'une Athéna de l'époque classique. Cas limite, à dire vrai, car dans ce cas précis il n'existait aucune tradition indigène. Ailleurs, pour les dieux des Phéniciens et des Araméens, des images existaient déjà. Elles s'enrichissent de traits nouveaux, comme le foudre pour les dieux assimilés à Zeus, ou la peau de lion pour l'Héraclès de Tyr.

Avec le temps, les fidèles ne firent aucune différence entre les dieux en fonction de leur origine. Tout l'effort des savants d'aujourd'hui pour rechercher les origines de tel ou tel dieu

aurait paru sans utilité aux fidèles syriens, habitués à ces syncrétismes. Ces influences ne modifiaient pas en profondeur la nature des dieux, ni les rites, ni le culte. Ce ne sont que des efforts de modernisation superficielle, donnant aux dieux un aspect au goût du jour et compréhensible par tous. C'est aussi à ce prix que les dieux traditionnels de la Syrie ont pu séduire les nouveaux venus, Grecs et Romains. Et, pour certains, prospérer dans tout l'Empire. Ce fut le cas non seulement d'Atargatis, mais aussi de Jupiter Héliopolitain et du Baal de Dolichè, Jupiter Dolichenus, particulièrement en honneur dans les milieux militaires, et présents sur toutes les frontières de l'Empire.

Le séjour des dieux

Les sanctuaires portent la marque de cette diversité et de ces syncrétismes. Trois traditions architecturales tantôt se mêlent, tantôt se juxtaposent dans la Syrie gréco-romaine. D'abord la tradition araméenne du sanctuaire édifié au centre ou en bordure d'une vaste esplanade qui constitue le téménos, ou espace sacré du dieu. Le temple

La triade suprême de Palmyre associe un dieu local, Bôl (deuxième à gauche), devenu Bel, et ses deux acolytes, Aglibôl et Malakbel (au centre), lequel porte un croissant de lune. Sur ce relief (Ier siècle avant J.-C.-début du Ier siècle après), les trois divinités sont vêtues d'une longue tunique et d'un manteau porté à la manière romaine. Mais le plus étrange est leur association avec un Héraclès nu, reconnaissable à sa massue et à la dépouille du lion de Némée. Assimilé à Palmyre au dieu mésopotamien Nergal, il apparaît ici sous la forme la plus conforme au modèle grec, en dépit de la maladresse de la réalisation.

lui-même peut être de petites dimensions par rapport à l'ensemble. Ensuite la tradition araméenne, mais aussi arabe, du haut-lieu, sanctuaire perché au sommet d'une colline ou d'une montagne, souvent simple enclos sacré sans aucune construction en dur. Enfin, la tradition grecque et romaine du temple sur crépis (grecque) ou sur podium (romain), avec une cella abritant la statue du dieu, une colonnade en façade (temple prostyle) ou entourant la cella (temple périptère). Si nous ne connaissons aucun sanctuaire d'époque hellénistique, nous avons en revanche de multiples exemples parfaitement conservés d'époque impériale. Or, nombre de sanctuaires empruntent à deux ou trois de ces traditions, qu'il s'agisse des plus grands temples de la Syrie comme celui de Hadad-Jupiter à Baalbek, de Bel à Palmyre ou de Hadad-Zeus à Damas, ou des innombrables sanctuaires ruraux de la montagne libanaise, du Massif Calcaire ou du Hauran. Un inventaire serait fastidieux et quelques exemples suffiront à montrer la variété des solutions adoptées.

Les sanctuaires ruraux

Les sanctuaires de la montagne libanaise fournissent de multiples exemples de ces petits sanctuaires ruraux édifiés par les communautés villageoises en l'honneur de leurs protecteurs. Beaucoup d'entre eux se dressent sur un point élevé, comme à Sfiré. Tous n'adoptent pas cette situation perchée, mais ils possèdent tous plusieurs traits communs. D'abord l'existence d'un vaste péribole, souvent marqué par une simple rangée de pierres dressées, ouvert par une porte monumentale sur un seul côté. Au centre, le temple proprement dit a l'aspect d'un petit temple romain

Maquette en calcaire de l'intérieur du temple de Niha, dans la Beqa'a, avec, à droite, la porte de l'adyton.

sur podium, avec deux ou quatre colonnes en façade. En avant du temple, un autel monumental reçoit les sacrifices et les offrandes ; on y accède soit par un escalier, soit par une échelle en bois. Si l'on entre dans le temple, on observe des traits bien peu gréco-romains. La cella, à nef unique le plus souvent, comporte au fond une estrade à laquelle donne accès un large escalier ; sous cette estrade, une pièce aveugle, l'adyton, le « saint des saints », où sont conservés les objets sacrés qui doivent échapper aux regards des fidèles. À l'entrée du temple, aménagé dans l'épaisseur du mur, un escalier permet de gagner le toit où ont lieu certaines cérémonies.

À plus de 1000 m d'altitude, les trois sanctuaires de Sfiré (ci-dessus) devaient abriter le culte d'une triade dont on devine, grâce aux inscriptions, deux éléments, Jupiter Héliopolitain et Atargatis. Un quatrième sanctuaire se trouvait à un kilomètre de là, et un cinquième couronnait le sommet le plus proche, à 1345 m d'altitude.

Ce dispositif se retrouve à peu près partout, avec des variantes. Ainsi au temple de Zeus Madbachos (Zeus Autel) au Jebel Sheikh Barakat, en Syrie du Nord, situé au sommet d'une haute montagne, ou à Mushennef en Syrie du Sud. Parfois ces sanctuaires habillés d'un décor gréco-romain conservent des structures anciennes. Ainsi, des monnaies de Byblos montrent un sanctuaire d'Ashtarté avec une vaste cour où se dresse le pilier (*asherah*) de la déesse. À Bostra, des monnaies du début du IIIe siècle figurent l'estrade en bois, accessible par une échelle, où trônent les trois bétyles de la triade Doushara, Allat et al-Uzza. Y avait-il un temple construit à la romaine pour abriter l'estrade ? On ne sait, mais on a choisi de représenter le dispositif cultuel, non l'édifice. À Palmyre, le temple de Baalshamin, enchâssé au milieu d'un ensemble de cours, abritait de même un ancien baldaquin sous lequel se trouvait l'image du dieu.

Le « bronze Sursock », petite statuette d'un peu moins de 40 centimètres de hauteur, fournit l'illustration la plus précise du grand dieu de Baalbek, Hadad-Jupiter Héliopolitain. Maître de la fécondité, encadré par deux taureaux symbolisant sa capacité à dominer les forces de la nature, le dieu est coiffé du polos et porte sa longue robe-gaine rigide ornée de bustes. Son oracle, très apprécié, fut notamment consulté par Trajan en 113.

Les grands sanctuaires urbains : Baalbek et Palmyre

Le grand sanctuaire de Baalbek existait sans doute dès l'époque hellénistique mais on n'en a pour l'instant aucun vestige. Il regroupe dans un même ensemble un temple de Jupiter et celui d'un autre dieu non identifié (ce n'est pas Bacchus, malgré l'appellation traditionnelle). Les représentations de Jupiter Héliopolitain montrent à l'évidence qu'il

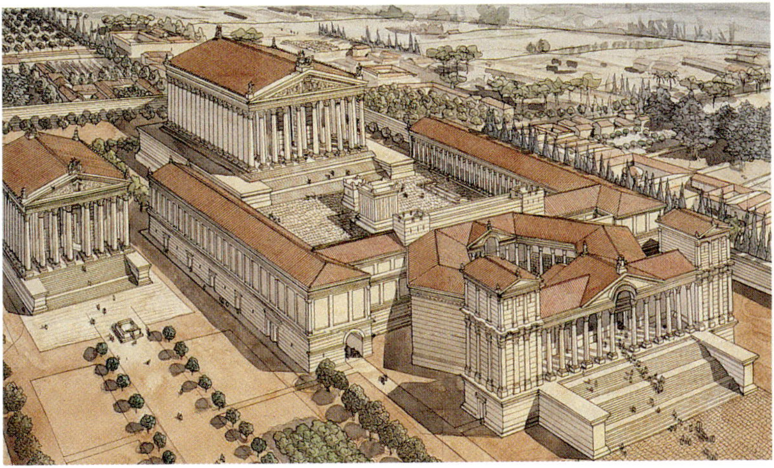

ne s'agit pas du maître du Capitole, mais bien d'un dieu indigène, sûrement Hadad. Il apparaît enserré dans une robe-gaine très étroite, la tête couverte d'un chapeau évasé. Le sanctuaire lui-même, construit entre l'époque d'Auguste et celle de Philippe l'Arabe, est composé de plusieurs ensembles colossaux qui ont résisté aux séismes. Baalbek appartient sans conteste à l'art gréco-romain par la structure du temple périptère, par le choix du décor, par son podium et ses propylées. Mais il conserve une structure indigène, avec ses autels-tours, ses bassins d'eau lustrale, et son aménagement intérieur : la cella du temple dit de Bacchus abrite le traditionnel adyton syrien.

À Palmyre, le sanctuaire de Bel fut dédié le 6 avril 32 après J.-C. Il avait été mis en chantier quelques années plus tôt, peut-être lors de l'annexion de la ville à l'Empire en l'an 19. Mais en 32, il n'était pas achevé, les portiques de la cour ne furent pas édifiés avant le règne d'Hadrien. L'ensemble se présente comme un vaste quadrilatère de 200 mètres de côté ouvrant à l'ouest par des propylées. Antérieur à la ville romaine, le temple est orienté vers la ville hellénistique, située plus au sud.

Le temple de Jupiter à Baalbek (reconstitution ci-dessus), mêle les traditions architecturales sémitiques et gréco-romaines selon une disposition commune à bien d'autres sanctuaires du Proche-Orient. Celui de la Baalat de Byblos, figuré sur cette monnaie (ci-dessus), associe un temple gréco-romain à une cour où se dresse le bétyle.

Le complexe monumental des temples de Baalbek-Héliopolis présente encore aujourd'hui des vestiges qui évoquent le gigantisme exceptionnel du sanctuaire antique. La grande cour du temple de Jupiter (à gauche, en haut), bordée de portiques et d'exèdres à niches, comporte deux grands bassins d'eau lustrale (seul l'un d'eux est, ici, visible) et deux autels-tours accessibles par un escalier intérieur. Du temple lui-même subsistent six des dix-neuf colonnes de 20 mètres de hauteur (à droite) qu'alignait son côté sud. Une architrave, qui les sommait de 5 mètres supplémentaires, était richement décorée de motifs géométriques et végétaux ponctués de têtes de lion (ci-contre). Au sud, en contrebas, et bien mieux conservé, le temple dit de Bacchus (à gauche, en bas, vu de sa face arrière) est construit selon le modèle apparemment classique des temples romains périptères sur podium. En réalité, l'aménagement intérieur, avec son adyton placé sous la cella, atteste qu'il s'agit bien du temple d'un dieu indigène, quels que soient le nom romain qui lui a été attribué par la suite et la facture gréco-romaine de son décor.

Sur une poutre du temple de Bel à Palmyre (ci-contre), trois femmes voilées suivent un chameau transportant les bétyles du dieu et divers objets sacrés dissimulés aux yeux des fidèles sous un dais recouvert d'étoffes. Il peut s'agir d'une procession annuelle ou d'un rite de fondation du sanctuaire.

Dans la cour, il ne reste plus que des arasements de l'édifice où se tenaient les banquets sacrés. Le temple se dresse approximativement au centre, et offre un visage bien singulier. La longue cella rectangulaire est entourée d'une colonnade à la romaine, mais une rangée de merlons de type « parthe » borde son toit plat. Mélange d'influences qui dit assez l'aspect composite du monument. La porte devait, à l'origine, se trouver sur le petit côté sud, mais elle fut déplacée sur le côté ouest, où il fallut aménager une rampe d'accès. À l'intérieur, les deux extrémités de la cella sont occupées par deux niches haut placées qui abritaient les images ou les symboles des dieux. Au plafond de la niche nord, un zodiaque sculpté. Dans les angles sud, deux escaliers conduisent sur le toit.

À Palmyre plus qu'à Baalbek le respect des traditions indigènes est sensible, encore que nous ne sachions pas pourquoi la porte a été déplacée; ce temple est le seul à offrir un dispositif semblable de deux niches cultuelles opposées. Mais il est perceptible que le décor lui-même ne doit pas grand-chose à l'art gréco-romain, en dehors des colonnes et des chapiteaux corinthiens. Ni la salle de banquet, ni l'organisation du culte n'appartiennent à la tradition gréco-romaine, et si les dieux peuvent être représentés en soldats romains, ou nus, cela ne doit pas faire illusion: il s'agit bien des dieux ancestraux de l'oasis.

À Palmyre, le sanctuaire de Bel (ci-dessous, la façade ouest) se dresse à l'extrémité orientale de la ville, près de la palmeraie qui assure la survie quotidienne de la population. Remplaçant un sanctuaire plus ancien, il est tourné vers la ville hellénistique, formant ainsi avec l'axe de la ville romaine un angle de 45 degrés. Le temple proprement dit se trouve au centre d'une immense cour, bordée de portiques. Il mêle des traits gréco-romains, tels que le soubassement à degrés, la colonnade périptère, et des éléments indigènes ou mésopotamiens, comme l'ouverture sur un long côté du bâtiment ou le toit plat bordé d'une rangée de merlons triangulaires.

Toute proche des lieux de naissance des grands monothéismes, la Syrie a entretenu des rapports étroits avec la Judée. L'installation de Juifs dans de nombreuses grandes villes, notamment Antioche, explique que la mission chrétienne s'y développa très tôt. Face à l'hostilité des Juifs, Paul et les siens se tournèrent vers les païens dont beaucoup adhérèrent. Avant la fin du Ier siècle, des communautés existaient à Antioche et sans doute dans les principales villes de Syrie.

CHAPITRE 6

LA SYRIE CHRÉTIENNE

Nombre d'églises de village (à gauche, celle de Qalblozé) subsistent en bon état. Le chœur était séparé de la nef par un chancel (barrière) en pierre, parfois orné de motifs comme à Rasm el-Qanafez (Émésène), où un artiste a représenté naïvement l'adoration des Rois mages guidés par l'étoile jusqu'à la Vierge tenant l'enfant Jésus sur ses genoux.

Les communautés juives

La Syrie a abrité très tôt une communauté monothéiste, les Juifs. Ceux-ci prétendaient se trouver à Antioche depuis les origines de la ville, ce qui n'est ni impossible, ni assuré. En revanche, des Juifs sont attestés avec certitude dans le Hauran avant le milieu du IIe siècle av. J.-C. Rapatriés de force par Judas Maccabée, ils ne tardèrent sans doute pas à revenir. Au début de l'Empire, des communautés juives existent à Antioche, Damas, Apamée, Laodicée, Tyr et Sidon; il est peu douteux qu'il en existait dans toutes les villes de quelque importance. À cela s'ajoutent quelques communautés rurales en Syrie du Sud, dans le Hauran et sur le Jawlan, dont des colons militaires installés par les Hérodiens à l'époque où les Romains leur avaient confié la région pour y lutter contre le brigandage.

Ces communautés eurent à souffrir de la révolte de 66-70, car les habitants des villes se montrèrent volontiers hostiles. Néanmoins, elles subsistèrent et, probablement, s'accrurent. En effet, la dispersion des Juifs de Judée en 70, puis de nouveau en 135 après la révolte de Bar Kokhba, profita aux communautés proches, aussi bien en Syrie qu'en Mésopotamie. La communauté de Doura-Europos exista sans doute assez tôt, car beaucoup de Juifs avaient trouvé refuge hors de l'Empire, ce qui était le cas à Doura-Europos jusqu'en 165.

Il n'y aurait sans doute pas grand-chose à dire de ces Juifs, qui fréquentent facilement Jérusalem avant la destruction du Temple en 70, puis les centres de la vie juive de Galilée plus tard, si une découverte extraordinaire n'avait attiré l'attention sur eux. En effet, lors des fouilles anciennes de Doura-Europos, l'effort avait notamment porté sur les maisons situées le long des remparts. Celles-ci avaient été arasées et remplies avec les déblais pour former un glacis consolidant le rempart de l'intérieur. Or, parmi ces habitations se trouvait une maison particulière aménagée en

Les peintures de la synagogue de Doura-Europos constituent un ensemble exceptionnel par son ampleur : quatre registres se partageaient l'espace, tandis que quatre cent cinquante carreaux de terre cuite peints ornaient le plafond. Sur les parties conservées, on reconnaît les scènes les plus célèbres de l'Ancien Testament. Le passage de la mer Rouge est dominé par la haute stature de Moïse (ci-dessous).

synagogue : la salle principale était intégralement peinte, plafond compris. En contradiction avec toutes les règles rabbiniques, ces peintures représentent des scènes de la Bible avec personnages et animaux. L'interdiction de représenter des êtres animés n'avait visiblement pas cours dans la communauté douréenne. Cela nous vaut un exceptionnel exemple de peintures murales du milieu du IIIe siècle, dans une ville où cet art est bien représenté, au temple des Gaddè, au *mithraeum*, dans la maison des chrétiens.

Les épisodes bibliques peints sur les trois registres supérieurs (le songe de Jacob, David, le prise de l'Arche d'Alliance par les Philistins, Abraham, la vision d'Ézéchiel, Aaron et le Tabernacle, le jugement de Salomon...) sont identifiés par des inscriptions. Au centre, la niche de la Torah.

La communauté se dispersa comme tous les habitants de Doura-Europos après la prise de la ville par les Perses en 256. Mais bien d'autres groupes subsistaient un peu partout : à Antioche, le patriarche Jean Chrysostome fulmine, à la fin du IVe siècle, contre les chrétiens qui fréquentent les synagogues lors des principales fêtes juives, attirés par l'éclat des cérémonies ; le rhéteur Libanios possédait des terres en Antiochène que cultivaient des paysans juifs. Mais en dehors de ces mentions dispersées, on connaît mal les Juifs de Syrie, qui n'ont guère fait parler d'eux.

Paul (représenté, à gauche, sur une plaque de reliure en ivoire réalisée en Syrie au VIe ou VIIe siècle) est directement lié à l'histoire de la chrétienté syrienne. Converti sur le chemin de Damas, il renonça délibérément à la conversion des juifs et préféra se rendre d'abord à Antioche afin de convaincre les païens.

Les débuts du christianisme (Damas, Antioche)

C'est la présence d'une communauté juive à Damas qui lie directement cette ville aux origines chrétiennes puisque c'est en se rendant dans cette cité que le Juif Saül eut la révélation qui le fit adhérer à la foi nouvelle. Devenu Paul, il trouva refuge chez des sympathisants à Damas, et l'église Ananie conserve le souvenir de cet épisode ; la fuite de Paul en cachette, descendu de nuit dans un panier le long du mur d'enceinte de la ville, est commémorée par une autre église, installée dans un bastion de l'enceinte médiévale. À Antioche, Paul comprit l'intérêt de convertir aussi des païens, et c'est là, disent les Actes des Apôtres, que pour la première fois les fidèles de Jésus furent appelés « chrétiens ».

Sans accorder crédit aux pieuses légendes qui attribuent la fondation des églises de Syrie à des apôtres ou à des disciples des temps apostoliques, il est probable que des communautés chrétiennes existèrent dans quelques villes dès le milieu du Ier siècle. À la fin du IIe siècle ou au début du IIIe siècle, on voit se mettre en place une hiérarchie

épiscopale dans les cités, plus tôt peut-être dans les plus grandes comme Antioche, où l'évêque Ignace est envoyé à Rome pour y être exécuté en 115. À Bostra, le premier évêque attesté historiquement est Béryllе, au début du IIIe siècle, qui rencontra Origène. Le même Origène aurait été appelé à Antioche pour s'y entretenir de la foi nouvelle avec l'impératrice Iulia Domna. Une légende tenace veut que l'empereur Philippe l'Arabe ait été chrétien. C'est avant 250 qu'apparaît la première maison chrétienne, à Doura-Europos, non loin de la synagogue, conservée dans les mêmes conditions qu'elle. Elle montre que des communautés organisées existent un peu partout, mais que leurs lieux de réunion sont encore des maisons privées, aménagées en fonction des besoins, avec, par exemple, un baptistère.

Philippe l'Arabe, natif du sud de la Syrie, passe pour avoir été un empereur chrétien, ce qui est faux, à coup sûr, même si, sous son règne, les chrétiens ne firent l'objet d'aucune poursuite particulière. La maison des chrétiens à Doura-Europos (ci-contre) révèle une communauté prospère quoique peu nombreuse, capable d'acheter une maison particulière pour la transformer en lieu de réunion, avec salle de prière et baptistère. Le décor peint témoigne même d'une certaine aisance et d'un goût décoratif que les chrétiens partageaient avec les juifs et les païens de la ville dont de nombreux temples sont peints.

Les résistances au christianisme

Les chrétiens de Syrie subirent comme les autres les premières persécutions générales, celle de 251-260, puis la Grande Persécution de 303 à 312. Mais les progrès de la christianisation n'en furent guère entravés car la répression connut quelques répits. Avec la Paix de l'Église, les conversions reprennent, mais il ne faut pas imaginer que toute la Syrie fut rapidement chrétienne. En 363, l'évêque de Bostra estime encore que païens et chrétiens sont en nombre équivalent dans sa ville. Il est vrai que la région est particulièrement rebelle au christianisme : dans le Hauran sont attestées plusieurs réouvertures de temples à la suite de l'édit de Julien (pris à Antioche en 362) autorisant cette réouverture.

La disparition de Julien met fin à cette tentative de restauration chrétienne. Après l'interdiction des sacrifices en 392, les destructions de temples s'accélèrent malgré les résistances des païens : l'évêque Marcel d'Apamée est massacré en 388, lors de la destruction du temple de Zeus. Cependant, le paganisme résiste. Jean Chrysostome dénonce le succès des fêtes païennes à Antioche à la fin du IVe siècle, et le patriarche Sévère le maintien de nombreux lieux de culte païens dans les campagnes au début du VIe siècle ; en 580, il faut faire donner la troupe pour fermer le temple de Baalbek.

Les premiers sanctuaires chrétiens

S'il ne subsiste que de très rares églises du IVe siècle, comme celle de Fafertin (372), on en connaît plusieurs par les textes, à Tyr et à Antioche notamment. Bien des sanctuaires païens sont transformés, à l'instar du temple de Zeus Damaskènos, devenu une église Saint-Jean-Baptiste, ou dépouillés de leurs matériaux, mais ce n'est qu'au Ve siècle que l'édification d'églises chrétiennes revêt une importance appréciable.

En Syrie du Sud, des églises sont attestées dès le Ve siècle, mais il subsiste surtout des édifices du VIe siècle. À Bostra, la cathédrale dédiée aux saints Serge, Bacchos et Léontios est consacrée

À l'origine, les catéchumènes recevaient le baptême par immersion, dans un bassin creusé à même le sol du baptistère. Mais, avec le temps, on renonça à ce cérémonial pour se contenter de baptiser par effusion, en puisant l'eau baptismale dans une cuve de pierre ou de terre cuite comme celle-ci, sur laquelle court une inscription syriaque.

À Résafa, l'église dédiée à saint Serge se présente comme une basilique à trois nefs sur colonnes (plan ci-dessous). Son aménagement est typique de nombreuses églises syriennes, avec un *bêma* (« tribune ») dont on aperçoit ici le socle. Cette plate-forme de type absidal, ouverte face au chœur, supportait une banquette où prenaient place non seulement le clergé mais sans doute une partie des fidèles. Au centre, un *ambôn* servait de présentoir pour les livres saints ou pour des icônes offertes à la vénération des fidèles.

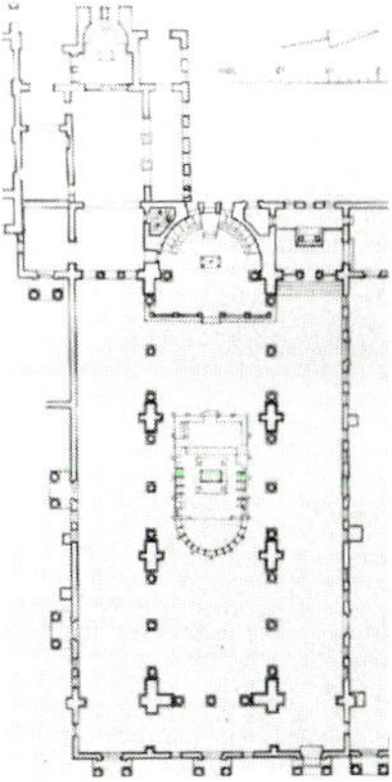

en 512; bâtie sur un plan carré avec octogone intérieur, elle devait être couverte d'une coupole; il en reste d'impressionnants vestiges. Une autre église, encore plus grande, et sur le même plan, fut édifiée dans le même quartier de la ville. Ce modèle d'édifice à plan centré fut semble-t-il en vogue dans les villes épiscopales, car on en connaît d'autres, à Apamée et dans la petite ville de Zorava (Ezra'a), où l'église Saint-Georges est toujours debout, avec sa dédicace de 515 en place; elle sert encore de lieu de culte aux grecs-orthodoxes.

À Apamée l'immense église à plan centré édifié avant la fin du Ve siècle est réaménagée en cathédrale sur plan basilical autour de 530 et reçoit un riche décor de mosaïques au temps de l'évêque Paul (actif en 536). À Résafa-Sergiopolis, un vaste complexe entoure l'église Saint-Serge qui se dressait au centre de la ville. Sans oublier les innombrables églises de village, comme celle de Qalblozé, bien conservée, qui offre des formes de décor que l'on retrouve quelques siècles plus tard dans les plus anciennes églises romanes.

Saint Siméon le Stylite fut de loin le plus célèbre des ascètes syriens. Né vers 389-390 en Antiochène, il rejoignit jeune (vers 410-412) la communauté des moines de Télanissos, l'actuelle Deir Seman au pied de Qalaat Seman. À la recherche d'un plus grand isolement, il se retira sur la colline voisine, puis décida, pour échapper aux curieux et aux pèlerins, de se réfugier sur une haute colonne (12 à 18 m) surmontée d'une étroite plate-forme (1,5 à 2 m de diamètre). C'est là qu'il mourut le 24 juillet 459, objet de la vénération des foules. Ses restes furent plus tard brûlés à Antioche, et transportés à Constantinople où existait un martyrion en son honneur, mais les pèlerins ne cessèrent d'affluer au sanctuaire bâti autour de la colonne à la fin du Ve siècle (ci-contre). Peut-être furent-ils encouragés par les autorités impériales, qui voyaient d'un bon œil la dévotion à l'égard du saint moine détourner les fidèles des querelles théologiques vigoureuses qui se développaient autour de la nature du Christ, entraînant troubles et révoltes.

Les vestiges de l'immense monastère de Saint-Siméon restent impressionnants, malgré la ruine qui les a frappés. Quatre nefs partent du centre, marqué par la colonne (ci-contre, son socle) : la nef sud s'orne d'une entrée monumentale à triple porche et narthex (à gauche, en haut) ; les nefs ouest et nord possèdent un chevet plat. À l'est, la nef principale se termine par une triple abside. Dans l'angle entre les nefs sud et est, s'étendait un vaste complexe monastique, avec cloître et chapelle. L'ensemble, en calcaire local, avait belle allure, et l'on a relevé l'originalité des décorateurs qui ont placé sur les chapiteaux corinthiens des feuilles d'acanthe courbées par le vent. Si l'ensemble basilical fut sans doute édifié entre 474 et 491, le monastère ne fut commencé qu'après cette date, en même temps que le baptistère (à gauche, en bas) situé à 150 mètres au sud de l'ensemble. Pour faire face à l'afflux des pèlerins, on édifia enfin deux hôtelleries, au pied de la colline, à Deir Seman. L'agglomération en tira profit, et elle se couvrit d'églises et de belles maisons privées, dont beaucoup sont bien conservées.

Mais les ensembles les plus spectaculaires se situent dans les grands couvents de Syrie du Nord, et d'abord à Saint-Siméon. Car la Syrie a engendré une forme originale de monachisme, où les ascètes rivalisent dans le sacrifice. Les stylites, perchés sur une colonne, en sont l'illustration la plus populaire, mais d'autres vivent reclus dans une tour ou restent quasi nus et immobiles au sommet d'une montagne,

Cette plaque en argent doré décorant un reliquaire montre Siméon le Stylite qui résiste aux tentations du démon, représenté sous la forme d'un serpent gigantesque. Bien d'autres ermites imitèrent Siméon et les stylites fleurirent un temps dans toute la Syrie.

été comme hiver. De tels saints attirent les fidèles malgré eux, et se créent ainsi de nouveaux centres de pèlerinage.

Antioche et Édesse, hauts lieux de la pensée chrétienne

La Syrie participe avec fougue aux débats théologiques avant comme après la Paix de l'Église. Il existe une véritable école d'Antioche avec Ignace, Lucien, Jean Chrysostome, devenu patriarche de Constantinople, mais on ne peut négliger son pendant syriaque d'Édesse, avec des hommes comme Éphrem, Rabboula ou Jacques de Saroug. Les conflits doctrinaux se traduisent par des querelles d'une virulence incroyable.
Ravagée par les débats autour de l'arianisme et du nestorianisme au IVe siècle, la chrétienté syrienne se divise ensuite entre les chalcédoniens (ou melkites), partisans de la double nature du Christ, et leurs adversaires monophysites. Les Ve et VIe siècles sont marqués par d'innombrables discussions, et surtout par la violence.
Un exemple : en 517 un cortège d'un millier de moines melkites se rendant à Saint-Siméon tombe dans une embuscade tendue par des monophysites ; on dénombre trois cent cinquante morts.
Finalement lâchés par l'empereur, les monophysites apparaissent sur la défensive après 518. On comprend que la défaite des troupes impériales sur le Yarmouk en 636 ait pu sembler à certains comme une juste punition envoyée par Dieu. Tout ne valait-il pas mieux que l'hérésie ?

Sans doute, les excès des moines et les querelles des théologiens ne doivent pas masquer le rôle magistral joué par la Syrie dans le passage de l'Antiquité polythéiste au christianisme. Tout ne fut pas que violence et fureur. Les nombreuses églises de Syrie du Nord et du Sud, les mosaïques, les reliquaires, les trésors d'orfèvrerie montrent combien la Syrie a su préserver et transmettre aux élites chrétiennes les richesses de la culture classique. Longtemps les mythes des anciens temps demeureront des sources d'inspiration fécondes.

Sur une stèle de haute Djézireh de la fin du VIe siècle ou du début du VIIe, se lit l'anathème prononcé par des moines monophysites modérés contre les phantasiastes, des monophysites extrémistes, conduits par Julien d'Halicarnasse, qui déniaient la moindre humanité à Jésus, sauf en apparence (*phantasia* en grec).

Tout en s'interdisant la représentation de la figure humaine, selon les préceptes de l'islam, les mosaïstes de la mosquée des Omeyyades à Damas (page suivante), vers 715, ont puisé dans la meilleure tradition des ateliers syriens.

TÉMOIGNAGES ET DOCUMENTS

Les explorateurs de la Syrie au XIXe siècle

Après le temps des précurseurs qui, tels l'Anglais Wood ou le Français Volney, surent populariser la Syrie auprès des élites cultivées, le XIXe siècle marque la grande époque de l'exploration de la Syrie. Nourris de souvenirs bibliques et antiques, nombre de savants et explorateurs venaient y chercher confirmation ou réfutation des saintes Écritures. Peu à peu se constitua cependant une recherche délivrée des soucis théologiques, qui atteint un premier apogée avec les grandes missions allemandes, françaises et américaines des années 1890-1910.

Deux voyageurs en Syrie : Burckhardt (1810) et Renan (1860-1861)

Muni de ce que je considérais comme nécessaire […], j'adoptai le costume des gens du Hauran, avec un keffieh et une grande peau de mouton sur les épaules. Dans mon sac de selle, je plaçai une chemise de rechange, une livre de grains de café, deux livres de tabac, et une journée d'orge pour mon cheval. Puis je rejoignis quelques paysans d'Ezra, à l'un desquels je louai un âne, bien que je n'aie rien d'autre à lui faire porter que mon sac de selle. Mais je savais que c'était le meilleur moyen de me recommander à la protection de mes compagnons de voyage ; le propriétaire de l'âne devient nécessairement le compagnon et le protecteur de celui qui le lui loue […].

Dans ma ceinture, 80 piastres, et un peu plus dans ma poche, plus une montre, un compas, un journal de bord, un crayon, un couteau, et une tabatière.

Johann Ludwig Burckhardt,
Travels in Syria and the Holy Land,
Londres, 1822

Vers la fin du mois de mai 1860, S. M. l'Empereur daigna me proposer une mission d'exploration dans l'ancienne Phénicie. Depuis longtemps je regardais une mission de ce genre comme fort nécessaire. […] Par une bizarre coïncidence, presque le jour même où je recevais cette mission de S. M. l'Empereur, éclataient dans le Liban les massacres qui devaient bientôt amener une division de l'armée française en Syrie. La présence de nos soldats était une circonstance très favorable à mon dessein ; les fouilles que je me proposais de faire s'en trouvaient singulièrement facilitées : il fut décidé que ces fouilles seraient faites par les soldats et que ma mission tiendrait lieu, pour l'armée de Syrie, de ces commissions scientifiques que la France, en sa noble préoccupation des choses de l'esprit, a toujours associées à ses expéditions militaires dans les pays lointains.

Ernest Renan,
Mission de Phénicie,
Paris, 1864

De la cause réelle des destructions des édifices antiques selon William Henry Waddington

Ce qui a le plus contribué à la destruction, c'est l'établissement des principautés chrétiennes en Syrie après les croisades. Lorsque les musulmans emploient d'anciens matériaux dans leurs mosquées ou leurs forteresses, ils les prennent à peu près comme ils les trouvent ; quelque fois, ils les rognent ou les brisent selon les besoins de la construction, mais ils ne les retaillent pas systématiquement ; c'est pour cela que dans presque tous les édifices musulmans construits en matériaux anciens, on retrouve des inscriptions ou des fragments d'architecture encastrés dans les murs. Au contraire, les architectes chrétiens qui travaillèrent pour les princes croisés, ne pouvaient se contenter de matériaux de toute dimension, et chargés d'ornements et de moulures qui ne convenaient aucunement à l'architecture ogivale ; il fallait donc retailler avec soin toutes les pierres provenant de constructions antiques, et le soin même qu'ils apportaient à leurs constructions a été cause de la destruction complète de tant de monuments anciens.

W.-H. Waddington, *Inscriptions grecques et latines de la Syrie,* Paris, 1870

Les ruines de Bostra

Guillaume Rey visite le Hauran dans l'hiver 1857-1858, en compagnie du docteur Delbet, spécialiste d'économie sociale. Le 6 décembre 1857, il fait son entrée dans Bostra.

Toutes ces ruines respirent un air de grandeur déchue, et je ne sais quelle majesté que nous n'avons rencontrée nulle part ailleurs. Ici, nous n'apercevons plus ni les cornes des femmes druses, ni les turbans blancs de leurs maris ; tous les hommes ont des keffieh, et les femmes, vêtues à la bédouine, ont ici le visage découvert ; les quelques habitants que nous rencontrons n'ont rien de farouche. [...]

Nulle part encore, même dans le Ledja, nous n'avons vu de ruines plus complètement bouleversées qu'ici. Du haut des murs où nous grimpons, leur étendue nous paraît immense, et elles sont à peu près inhabitées ; aussi les animaux sauvages en ont-ils pris possession comme si les hommes n'y étaient plus.

Nous saluons un chacal d'un coup de revolver, après avoir fait lever des perdrix dans la maison du Boehïrï.

Nous nous dirigeons ensuite vers l'angle nord-est de la ville, par lequel nous sommes entrés pour y visiter les

ruines de la mosquée d'el-Mebrak, ainsi nommée parce que, d'après la tradition, elle fut élevée par l'ordre d'Omar au lieu où se coucha le chameau porteur du Koran.

E. Guillaume Rey,
Voyage dans le Hauran et aux bords de la mer Morte exécuté pendant les années 1857 et 1858,
Paris, Arthus Bertrand, s.d

Louis-François Cassas découvre Palmyre

Trente quatre ans après l'exploration de James Dawkins et Robert Wood, le 22 ou 23 mai 1785, Louis-François Cassas arrive à Palmyre, d'où il ramène plusieurs dessins. Il y entre par la route de Homs, par la vallée des tombeaux.

Tout à coup les montagnes se séparent et on découvre entièrement les magnifiques ruines de cette célèbre ville. Rien de plus imposant que cette première vue : on est saisi d'étonnement et d'admiration par la quantité innombrable de colonnes, des galeries, des restes de temples, d'arcs de triomphe, des édifices immenses par leur étendue et le Temple du Soleil au milieu qui s'élève et domine le désert qui ressemble à une vaste mer.

Louis-François Cassas,
Lettre et manuscrit inédit,
Getty Center, Malibu, Californie

On y voit soixante à quatre-vingts tombeaux dont plusieurs sont assez bien conservés [...]. Je fus frappé d'un saisissement religieux qui augmentait à mesure que j'approchais. Cependant, les gardes qui m'accompagnaient me devancèrent jusqu'à l'extrémité de la vallée en chantant et en faisant plusieurs décharges de leurs fusils [...].

Au premier aspects des ruines de Palmyre, on me fit descendre de mon chameau pour contempler à mon aise le coup d'œil le plus extraordinaire que la nature puisse offrir [...].

Les Palmyréniens avaient une vaste et superbe galerie pour se promener à l'abri du soleil [...]. Je crois qu'elle était couverte de toile comme les théâtres et les amphithéâtres. Il était bien naturel qu'on imagine de telles galeries dans un pays sec où l'on manquait de ces grands et beaux arbres.

Cité par Annie Gilet,
in *Louis-François Cassas, dessinateur-voyageur,*
Philipp von Zabern, Mayence, 1994

Les dangers du voyage

Le Révérend J. L. Porter, missionnaire anglais, séjourne cinq années à Damas dans les années 1850. Curieux, voire aventureux, il accorde évidemment un crédit à peu près sans faille à la Bible. Il entreprend un voyage à Palmyre par la route directe de Damas, ce qui n'allait pas sans risques ! Au matin du cinquième jour de voyage, Palmyre est en vue.

Nous grimpions sur une barre rocheuse et le cheikh s'arrêta : « Regardez », s'exclama-t-il en pointant vers une étroite ouverture dans la ligne basse de collines qui traversait la plaine en face de nous. Nous voyions un château couronnant un pic conique ; nous voyions de grandes tours élancées sur les pentes et dans le fond du passage. « C'est Tadmor. Yallah. »

Mais l'instant d'après deux sauvages cavaliers arabes guidaient leurs coursiers haletants en tirant des coups de pistolet. Ils ne disaient pas un mot. Ils ne faisaient pas un geste. L'un d'eux, après un rapide coup d'œil à notre groupe, fit pivoter son cheval et s'éloigna à plein galop à travers la plaine. L'autre restait, immobile comme une statue, appuyé sur sa longue lance. Notre chef gardait le silence. Il semblait presque paralysé. Son dromadaire divaguait à la recherche d'herbes sèches. Quelque chose n'allait pas, mais nous ne savions pas bien quoi. Nous ne restâmes pas longtemps dans l'indécision. Un nuage de poussière apparut s'approchant de nous à travers la plaine. Il s'ouvrit, et nous vîmes une troupe de quarante ou cinquante cavaliers nous charger à pleine vitesse. L'instant d'après, une foule de lances étincelantes étaient brandies violemment tout autour de nos têtes. Résister aurait été pire qu'inutile. Nous étions prisonniers !

J. L. Porter,
The Giant Cities of Bashan and Syria's Holy Places,
T. Nelson and Sons, Londres, 1886,
traduction de M. Sartre

Malgré une demande de rançon exorbitante, l'affaire est promptement réglée et Porter parvient à visiter Palmyre sans autre difficulté. Ébloui comme ses prédécesseurs, il s'interroge sur l'origine de la ville. La Bible et l'esprit mercantiliste d'un Anglais du XIXe siècle fournissent la réponse :

Salomon « a construit Tadmor du désert » (*1 Rois* IX, 18*;* *2 Chron.*, VIII, 4). La question a souvent été posée : pourquoi Salomon a-t-il construit une ville au milieu du désert, si loin de son propre royaume ? La réponse est facile pour quiconque connaît l'histoire de cette période et la géographie des pays bibliques. Salomon était un monarque soucieux de commerce. L'un de ses grands objectifs était de faire de la Palestine le centre d'une entreprise commerciale. Assurer une route sûre et facile aux caravanes qui importaient les trésors de l'Inde, de la Perse et de la Mésopotamie, était de première importance. Tadmor se trouve à mi-chemin entre l'Euphrate et les limites de la Syrie. Elle abrite la seule source abondante dans ce désert aride. Une place de repos était nécessaire. L'eau était absolument nécessaire. En conséquence, Palmyre fut fondée comme station de caravanes.

J. L. Porter, *ibidem*

Villes de Syrie

Face aux anciennes villes fondées dès le IIe millénaire, les rois hellénistiques multiplièrent les fondations nouvelles, dont la plus brillante réussite fut sans doute Antioche, devenue sous la domination de Rome l'une des trois ou quatre plus grandes villes de l'Empire. Mais les villes anciennes, comme Tyr, Sidon, Damas connurent aussi des transformations et des accroissements considérables.

La fondation d'Antioche selon Strabon

Strabon, géographe grec originaire d'Anatolie (Ier s. avant J.-C.), donne une description soignée de la Syrie où se mêlent indications précises et récits historico-légendaires.

Ainsi donc Antioche est la métropole de la Syrie ; ici était établie la résidence royale des maîtres du pays ; elle ne le cède pas de beaucoup, en puissance comme en taille, à Séleucie du Tigre et à Alexandrie d'Égypte. Nicator établit aussi ici les descendants de Triptolème […]. C'est la raison pour laquelle les Antiochéens l'honorent comme un héros et célèbrent une fête en son honneur sur le mont Cassios, près de Séleucie. On dit qu'il avait été envoyé par les Argiens à la recherche de Io qui avait disparu d'abord à Tyr et qu'il erra à travers la Cilicie ; là, certains de ses compagnons l'abandonnèrent pour fonder Tarse mais les autres l'accompagnèrent tout au long du rivage, abandonnèrent les recherches par désespoir et restèrent avec lui dans le pays de l'Oronte. Gordys, le fils de Triptolème, avec d'autres peuples qui avaient accompagné son père, émigra à Gordyaia tandis que les descendants des autres cohabitèrent avec les Antiochéens.

Strabon, *Géographie*, livre 17, traduction de M. Sartre

La fondation d'Antioche d'après une chronique arabe anonyme

Ce texte d'origine inconnue et peut-être traduit du syriaque ne fait aucune allusion à la domination arabe de la ville.

En ce temps-là, il y avait dans la ville de Rome un roi appelé Antiochos, très considérable et de longue puissance, qui avait vaincu les rois et les empereurs ses ennemis, et avait recueilli des richesses au point de ne pas pouvoir les compter ; il adorait les idoles. De là, il résolut de se construire une ville dont le nom serait dérivé du sien de sorte qu'en prononçant le nom de la ville en même temps que celui du roi il obtienne que se perpétue sa mémoire parmi les rois.

Il ordonne donc à ses ministres et à ses sages de lui chercher une région qui soit agréable, belle, bonne pour l'eau et pour l'air, voisine de la mer et de la

montagne. Pour cela furent envoyées des personnes expertes et propres à une telle tâche que le roi chargea de faire cela. Ceux-ci s'en allèrent et firent le tour de tous les pays et de tous les lieux, jusqu'à ce qu'ils trouvent la région de cette cité ; ils furent tous d'accord sur elle et ils en rapportèrent les conditions : l'un y avait vu de la neige, et il y arrivait la fraîcheur venue de l'ouest. Et ils rapportèrent comment était le territoire, les sources d'eau bonne et douce, et les eaux par lesquelles il est irrigué de l'intérieur, et la mer qui en est voisine, le lac situé à l'est, la montagne sur laquelle construire une partie de la muraille, à quelle hauteur elle serait selon sa circonférence, et une forteresse où se fortifier s'il survenait quelque dure contingence ; la rive du fleuve, le fleuve connu sous le nom de Maqlûb serait hors les murs, et au-dessus de lui serait la masse de la cité ; et les bateaux viendraient avec les vivres et les denrées de ses provinces vers cette cité. Et de la même manière tout ce qui vient par voie de mer.

Codex Arabicus Vaticanus 286,
traduction de M. Sartre d'après
I. Guidi, *Rendiconti della reale accademia dei Lincei, classe de scienze morale, storiche e filologiche,* Rome, t. 6, 1897

Antioche au IVe siècle après J.-C.

Libanios, rhéteur païen d'Antioche, l'un des plus brillants représentants de la prose grecque dans la seconde moitié du IVe siècle, ne tarit pas d'éloges pour une ville plus vivante alors que Rome.

Quelle ville a-t-on le droit de comparer à la nôtre ? Plus heureuse que les plus antiques, elle l'emporte sur d'autres par la grandeur, en dépasse d'autres par la noblesse, d'autres encore par la fertilité en tous produits de son territoire.
S'il en est une à qui elle cède quant au périmètre des remparts, elle lui est supérieure par l'abondance en eau, la douceur de l'hiver, l'urbanité des habitants, la pratique de la sagesse ; et elle l'emporte en beauté sur une ville encore plus grande par ce qu'il y a de plus beau, la culture grecque et l'art des discours. D'un mot, on trouve en comparaison les unes petites, les autres sans grâce dans leur ampleur : ici en revanche, la déesse mère d'Eros a répandu la grâce sur l'ampleur. As-tu quitté cette ville pour aller ailleurs, le souvenir de celle-ci te point ; es-tu venu d'ailleurs ici, tu oublies toutes les choses précédentes. Aussi faut-il pardonner à ceux qui délaissent parents et patrie sous l'influence des philtres d'Antioche : ils ont vu une ville telle qu'il n'y en a pas d'autre, et ils savent qu'ils ne trouveront ailleurs rien de semblable.

Libanios, « Éloge d'Antioche »,
traduction de A.-J. Festugière,
in *Antioche païenne et chrétienne,*
Paris, De Boccard, 1959

La ville d'Antioche vers 1780

Trop chrétienne, trop byzantine, Antioche fut délaissée après sa conquête par les musulmans qui lui préférèrent Damas et Alep. À la fin du XVIIIe siècle, Volney fait le triste constat de sa déchéance.

Antioche, appelée par les Arabes Antakié […], jadis célèbre par le luxe de ses habitants, n'est plus qu'un bourg ruiné, dont les maisons de boue et de chaume, les rues étroites et fangeuses, offrent le spectacle de la misère et du désordre. Ces maisons sont placées sur la rive méridionale de l'Oronte, au bout d'un vieux pont qui se ruine : elles sont couvertes au sud par une montagne sur laquelle grimpe une muraille qui fut l'enceinte des Croisés. L'espace entre la ville actuelle et cette montagne peut avoir deux cents toises ; il est occupé par des jardins et des décombres qui n'ont rien d'intéressant.

C. F. Volney, *Le voyage en Égypte et en Syrie. Les années 1783, 1784 et 1785,*
in *Œuvres complètes,* t. III, Paris, 1824

Vue générale de Séleucie de Piérie vers 219 avant J.-C.

Première fondation de Séleucos Ier, au bord de la mer, Séleucie souffre de la proximité d'Antioche. Polybe, au IIe siècle avant J.-C., en souligne l'éclat.

La situation de Séleucie et la nature des lieux alentours sont les suivants. Elle se situe au bord de la mer entre la Cilicie et la Phénicie, et au-dessus s'élève une très haute montagne nommée le mont Koryphaion, baignée sur son côté ouest par l'extrémité de la mer qui sépare Chypre de la Phénicie, mais, depuis ses pentes orientales, elle domine les territoires des Antiochiens et des Séleuciens. Séleucie se trouve sur la pente du côté sud, séparée par un ravin profond et difficile à franchir, descendant et s'arrondissant en courbes jusqu'à la mer, et est entourée de la plupart des côtés par des falaises et des roches abruptes. En bas, sur le plat le long de la mer se trouvent le quartier commerçant et le faubourg, défendus par de très puissantes murailles. Toute la cité se trouve de la même manière protégée par un mur très coûteux et est magnifiquement ornée de temples et de beaux édifices. Du côté qui regarde la mer, on n'y accède que par un escalier taillé dans le roc avec de fréquentes rampes et lacets tout au long du chemin.

Polybe, *Histoires*, V, 59,
traduction de M. Sartre

Le port de Sidon au IIe ou IIIe siècle après J.-C.

Tout bon roman d'amour se doit d'inscrire les ports phéniciens dans son intrigue, points de départ de fantastiques voyages. Achille Tatius n'y manque pas et donne en ouverture de son roman une description précise du port de Sidon.

Sidon est située au bord de la mer ; cette mer est celle des Assyriens ; la ville est la métropole des Phéniciens et son peuple est le père de celui des Thébains.
Elle possède un double port, largement ouvert, dans une baie, et opposant à la mer une petite digue naturelle. Du côté où, vers la droite, s'incurve latéralement la baie, on a creusé un second chenal pour ouvrir à l'eau un accès, si bien que ce premier port en possède un autre, à l'intérieur duquel les bateaux de commerce peuvent passer l'hiver au calme, tandis qu'à la belle saison ils demeurent dans l'avant-port.

Achille Tatius, *Les aventures de Leucippè et Clitophon*,
traduction de Pierre Grimal,
in *Romans grecs et latins*,
Gallimard, « La Pléiade », 1958

Beyrouth au milieu du IVe siècle après J.-C.

Longtemps ville de second rang, loin derrière Tyr et Sidon, Bérytos connaît la prospérité lorsque Auguste décide, vers 15 avant J.-C., d'en faire une colonie romaine, une petite Rome de Syrie.

[Après Tyr], il y a Beyrouth. C'est une ville tout à fait charmante qui possède des écoles de droit, si bien que c'est elle [qui paraît assurer la stabilité] de toute l'administration romaine. De là en effet sortent des hommes instruits qui vont siéger par tout le monde aux côtés des gouverneurs et veillent par leur connaissance des lois sur les provinces ; c'est à eux que sont envoyés les décrets d'application des lois.

Expositio totius mundi et gentium,
XXV, traduction de Jean Rougé,
Paris, Le Cerf, 1966

La vie à la grecque

Bien que la Syrie soit loin d'être entièrement urbanisée, puisqu'on y dénombre aussi bien des principautés indigènes que des communautés villageoises libres de toute attache avec les cités, les comportements caractéristiques de la vie à la grecque se retrouvent partout : développement monumental, fréquentation des thermes et des gymnases, concours sportifs et musicaux, évergétisme surtout, qui permet de financer les dépenses des communautés.

Diversité des communautés : royaumes, tétrarchies, cités, villages

Pline l'Ancien (mort en 79 après J.-C.) a pleine conscience de la diversité des statuts des communautés qui composent la Syrie, insistant notamment sur les tétrarchies, ces principautés indigènes qui subsistèrent jusqu'au début du IIe siècle.

Parcourons maintenant l'intérieur. La Syrie Koilè comprend Apamée que les eaux du Marsyas séparent de la tétrarchie des *Nazareni*, Bambykè où Atargatis, que les Grecs nomment Derceto, est honorée, Chalcis dite près du Bélos à partir de laquelle s'étend la région nommée Chalcidène, la plus fertile de la Syrie, puis ensuite Cyrrhos de la Cyrrhestique, les *Gazetai*, les Gindaréniens, les Gabéniens, les deux tétrarchies que l'on nomme des *Granoukômétai*, Émèse, les *Hylatai*, le peuple des Ituréens et ceux d'entre eux que l'on nomme *Baithaimoi*, les Mariamnitains, la tétrarchie nommée *Mammisea*, *Paradisos*, *Pagrai*, *Penelitai*, deux Séleucie différentes de celle que l'on a déjà mentionnée […], l'une sur l'Euphrate, l'autre près du Belos, les *Tardytenses*. Il reste encore en Syrie, en sus de ceux dont nous parlerons à propos de l'Euphrate, Aréthuse, Béroé, Epiphaneia sur l'Oronte, Laodicée du Liban, Leucas, Larissa, et en outre dix-sept tétrarchies considérées comme des royaumes, aux noms barbares.

Pline l'Ancien,
Histoire naturelle, V, 81-82,
traduction de M. Sartre

Les bienfaiteurs : les donations hérodiennes en Syrie et Phénicie

Généreux bienfaiteurs (évergètes) envers les cités grecques de Syrie, Hérode le Grand (37-4 avant J.-C.), son petit-fils Agrippa Ier (41-44) et son arrière-petit-fils Agrippa II (48-100) favorisèrent les villes proches de leur royaume, et surtout Bérytos, peuplée de citoyens romains.

[Hérode le Grand] déploya ses libéralités également au bénéfice de très nombreuses cités étrangères : pour Tripolis, Damas et Ptolémaïs, il fit construire des gymnases ; pour Byblos un rempart ; pour Bérytos et pour Tyr des exèdres, des portiques, des temples et des places publiques ; pour Sidon et Damas, des théâtres ; pour Laodicée-sur-

Mer un aqueduc. [....] Et la grande rue d'Antioche-de-Syrie, que la boue rendait impraticable, ne l'a-t-il pas fait paver en marbre poli sur toute sa longueur, qui était de soixante stades, et n'y a-t-il pas construit un portique d'égale longueur contre la pluie ?

Flavius Josèphe,
Guerre des Juifs, I, 422 et 425,
traduction de P. Savinel,
Paris, Éditions de Minuit, 1977

Bien qu'Agrippa Ier ait fait construire de nombreux édifices pour de nombreuses cités, il honora tout particulièrement les Bérytiens. En effet, il fit ériger pour eux un théâtre très coûteux et d'une beauté supérieure aux autres, ainsi qu'un amphithéâtre à grands frais, à côté de bains et des portiques. Et pour aucun de ces édifices il ne permit qu'on en diminua la beauté ou la taille pour réduire la dépense. Il fut encore magnifiquement prodigue pour leur consécration ; au théâtre, il fit donner des spectacles de toutes sortes de musiques et tout ce qui se fait de divers en fait de plaisirs ; à l'amphithéâtre, il fit montre de sa grande générosité par le nombre des gladiateurs. De plus, souhaitant faire plaisir aux spectateurs par un affrontement en nombre, il fit combattre 700 hommes contre 700 autres. Tous ces hommes étaient des malfaiteurs mis de côté pour cet usage, de sorte que tandis qu'ils recevaient leur punition, leurs exploits guerriers pouvaient être source de plaisir en temps de paix.

Flavius Josèphe,
Antiquités juives, XIX, 335-337,
traduction de M. Sartre

À la même époque, le roi Agrippa II [...] fit construire en outre un théâtre à grands frais pour les Bérytiens et leur fit don de spectacles annuels pour lesquels il dépensa des dizaines de milliers de drachmes. De plus, il avait l'habitude de distribuer au peuple du blé, et de l'huile d'olive. Il fit encore décorer la cité tout entière de statues ainsi que de répliques des œuvres anciennes. Et il fit ainsi transférer à cette ville voisine tous les ornements de son royaume. La haine de ses sujets à son égard s'en accrut d'autant parce qu'il les dépouillait de leurs biens pour en parer une cité étrangère.

Flavius Josèphe,
Antiquités juives, XX, 211-212,
traduction de M. Sartre

Un bienfaiteur d'Apamée sur l'Oronte en 115-116 après J.-C.

Le descendant d'un prince grec de la région d'Apamée, citoyen de cette ville, contribue à son relèvement après le désastreux séisme de janvier 115 qui affecta toute la région.

Pour la santé de l'empereur Nerva Trajan César Auguste, vainqueur des Germains et des Daces, Lucius Iulius Agrippa, fils de Caius, de la tribu Fabia, possédant les honneurs et des ancêtres inscrits au Capitole sur des tables de bronze comme alliés des Romains, exempté de toute obligation financière, ayant accompli toute générosité à la perfection, spontanément, a acheté à ses propres frais l'emplacement et y a fondé les thermes, la basilique qui y est incluse, le portique en avant de ces bâtiments, avec toute leur décoration et l'ensemble des ouvrages de bronze qui s'y trouvent, et il les a dédiés à sa patrie, sous Iulius Bassus, légat impérial propréteur. [...]

Détenant les droits de ses ancêtres et sa propre exemption de liturgies publiquement attestés avec d'autres honneurs par des tables de bronze au Capitole à Rome, il a accompli pour sa patrie magistratures, charges financières et générosités; il a été prêtre; il a été agoranome avec générosité, pourvoyant pendant six mois aux distributions de blé en versant une somme de ... deniers d'argent; il a fourni l'huile pour l'onction et a fait faire dans l'aqueduc [...] un bon nombre de milles; il a été secrétaire de la cité de façon exceptionnelle, en ayant sollicité lui-même l'autorisation, pour une année, et ayant choisi lui-même ses collègues de magistrature, et dans la même année il a été commissaire à la paix et à la distribution de blé et il a fondé les thermes et le portique qui les précède sur l'avenue et la basilique qui y est jointe en faisant don de tout le terrain acheté à ses propres frais, et en consacrant dans ces thermes des œuvres de bronze, le groupe de Thésée et du Minotaure, le groupe d'Apollon, Olympos, Marsyas et le Scythe; il a accompli gratuitement souvent des ambassades auprès des empereurs, à Rome, et auprès des gouverneurs; il a aussi, tant du côté de son père que de celui de sa mère, des ancêtres illustres et généreux, des tétrarques, des personnes qui avaient part aux honneurs royaux; notamment Dexandros, le premier de la province à être grand-prêtre, son arrière-grand-père, fut par le divin Auguste, à cause de son amitié et de sa fidélité envers le Peuple romain, inscrit par rescrit comme ami et allié sur des tables de bronze autres honneurs exceptionnels qui lui furent donnés, à lui et à sa famille; de ces tables l'extrait se trouve déposé dans les archives, ici même, l'an ... au mois de Xandikos, le 28; par notre cité, par décret du Conseil et du Peuple, [Dexandros] fut honoré, au mois de Péritios, le trois avant la fin du mois; dans ce décret.

Jean-Paul Rey-Coquais,
« Inscriptions grecques d'Apamée »,
in *Annales archéologiques arabes syriennes*, 23, 1973

Rivalités civiques en 193, lors de la lutte entre Septime Sévère et Pescennius Niger

Comme les cités du monde égéen, les cités de Syrie rivalisent entre elles, quitte à mettre leur statut en péril. La guerre civile de 193 coûta cher à certaines.

Un grand nombre de gens des milieux populaires d'Antioche, surtout chez les jeunes gens irréfléchis qui étaient les partisans enthousiastes de Niger, rejoignirent l'armée plus par impulsivité que par leur expérience. [...]

Quand la nouvelle de la victoire de Sévère se répandit [l'armée de Sévère a écrasé celle des partisans de Niger à Cyzique], son effet immédiat fut de faire éclater la guerre civile et d'agiter les factions politiques dans les cités de toutes les provinces orientales, non pas tant parce qu'ils étaient pour ou contre l'un des empereurs en guerre mais plutôt par rivalité jalouse entre les cités et en vue de l'assassinat et de la destruction de leurs compatriotes [...]. Éclataient des mouvements d'agitation en Syrie du fait de Laodicée qui haïssait Antioche et en Phénicie du fait de Tyr, ennemie de Bérytos. Quand ces deux cités apprirent que Niger avait été mis en déroute, elles tentèrent leur chance de dépouiller Niger de ses honneurs et de reconnaître Sévère. Niger apprit la nouvelle en arrivant à Antioche, et bien qu'il se soit conduit avec magnanimité jusque-là, il fut tout à fait et à juste titre rempli de colère par cette révolte qui le défiait. Aussi, il envoya contre les deux cités des Maurousiens porteurs de javelots qui l'accompagnaient et une section d'archers avec ordre de tuer tout ce qu'ils rencontreraient, de saisir les biens meubles dans les cités et de brûler les maisons. Les Maurousiens sont extrêmement sanguinaires et prêts à tout acte désespéré en raison de leur dédain total de la mort et du danger. Ils tombèrent sur Laodicée sans prévenir et soumirent la cité et ses habitants à toute sorte d'outrages. Puis ils fondirent sur Tyr et détruisirent toute la cité par le feu après avoir pillé et tué.

Hérodien, *Histoire des empereurs romains*, III, 1, 3 ; 2, 7 ; 3, 3-5, traduction de M. Sartre

La culture grecque dans une ville de Syrie : les concours

Rien de plus grec que l'« agôn », le concours. Les villes de Syrie eurent à cœur d'en organiser sous l'Empire.

Aurelios Septimios Irénaios, fils d'Eutychès, colon de Laodicée la métropole et citoyen d'autres cités, moi seul parmi les gens de ma patrie, j'ai participé aux concours en toutes catégories et ai remporté la victoire dans les concours suivants :

À Césarée Augusta [concours] Sévérien Pythique universel, pugilat ; aux concours actiaques d'Auguste à Nicopolis, concours de la périodos, le pugilat des enfants ;

À Césarée, au [concours] équivalent aux Actia, pugilat des enfants ;

À Tyr, aux Hérakleia Commodeia, pugilat des enfants ;

À Tarse, au concours isolympique universel commodeien, pugilat des jeunes gens ;

À Laodicée ma patrie, lors de la première Pythiade célébrée, concours universel antoninien, pugilat des hommes ;

J'ai aussi concouru pour la couronne dans le pugilat des hommes de l'ancienne périodos aux Sabasmia Néméens quinquennaux, le troisième jour avant les calendes de janvier ; sous le consulat de Messala et de Sabinos [30 décembre 214].

[Concours] au prix d'un talent : à Ascalon ; Scythopolis ; Sidon, trois fois ; Tripolis deux fois ; Leukas, trois fois, pugilat course ; Hiérapolis, trois fois, pugilat, lutte, pancrace ; Béroia, deux fois ; Zeugma, deux fois ; Apamée, trois fois ; Chalcis, pugilat, course ; Salamine, trois fois ; Kition, pugilat, pancrace ; Mazaca, deux fois ; Iconion, pugilat, course ; Antioche ; Patras, pugilat, course ; Tarente, pugilat ; Aigai, deux fois ; Adana, deux fois ; Mopsueste, deux fois.

L'an 268, au mois de Xandicos [avril 221], sous le consulat de Vettius Gratus et de Vitellius Seleucos.

Inscriptions grecques et latines de la Syrie [IGLS], IV, Paris, 1955, n° 1265

Remerciements pour des bienfaiteurs à Canatha (Qanawat) et à Balaneia (Baniyas)

Volontaires, les évergètes (bienfaiteurs) n'en attendent pas moins la reconnaissance de leur cité, sous forme de décret ou de statues. Quitte à payer eux-mêmes les statues.

À la Bonne Fortune. Marcus Ulpius Lysias, fils de Scaurus, proèdre, a manifesté sa générosité envers sa chère patrie par la fondation d'un odéon semblable à un théâtre, pour dix mille deniers, 10 000, heureusement et d'excellente façon.

Canatha, première moitié du IIe siècle *Inscriptiones graecae ad res romanas pertinentes*, III, Paris, 1955, n° 1235

Les statues décrétées par le conseil et le peuple en l'honneur de Philippos fils d'Antipatros et d'Antipatros fils de Philippos, son père, qui a été prêtre, a fait des dons volontaires et exercé brillamment les fonctions de gymnasiarques, les voilà érigées par eux-mêmes, à leurs frais.

Balaneia, date imprécise, *IGLS*, IV, Paris, 1955, n° 1302

Le monde des villages

Pays fortement urbanisé, la Syrie n'en abritait pas moins une foule de villages dont beaucoup échappaient à l'autorité des villes, notamment dans le Sud. Une fois réduite l'insécurité qui y régnait à la fin de l'époque hellénistique, les villages syriens contribuèrent largement à la prospérité générale, et s'ornèrent de nombreux édifices publics à l'imitation des villes.

La lutte contre le brigandage

C'est le brigandage et la piraterie qui justifièrent l'intervention de Rome et l'envoi de Pompée en Syrie. La question ne fut pas complètement réglée avant le milieu du Ier siècle après J.-C.

C'est à Laodicée, dite Laodicée du Liban, que commence le canton de Massyas. Toute la population de la montagne, composée d'Ituréens et d'Arabes, vit de crime et de brigandage ; celle de la plaine, au contraire, est exclusivement agricole, et, à ce titre, a grand besoin que tantôt l'un, tantôt l'autre la protège contre les violences des montagnards ses voisins. Les montagnards du Massyas ont des repaires fortifiés qui rappellent les anciennes places d'armes du Liban, soit celles de Simnas, de Borrama, etc., qui en couronnaient les plus hautes cimes ; soit celles qui, comme Botrys et Gigarton, en défendaient les parties basses ; soit enfin les cavernes de la côte et le château fort bâti au sommet du Théouprosopon, tous repaires détruits naguère par Pompée parce qu'il en partait sans cesse de nouvelles bandes qui couraient et dévastaient le pays de Byblos et le territoire de Bérytos qui lui fait suite, ou, en d'autres termes, tout l'espace compris entre Sidon et Théouprosopon. Byblos, dont Cinyras avait fait sa résidence, est consacrée, comme on sait, à Adonis. Pompée fit trancher la tête de son tyran et la rendit ainsi à la liberté. [....]

En arrière de Damas on voit s'élever deux chaînes de collines, dites les deux Trachônes ; puis, en se portant du côté de l'Arabie et de l'Iturée, on s'engage dans un pêle-mêle de montagnes inaccessibles, remplies d'immenses cavernes qui servent de places d'armes et de refuges aux brigands dans leurs incursions et qui menacent de toute part le territoire des Damascènes : une de ces cavernes est assez spacieuse, paraît-il, pour contenir jusqu'à 4000 hommes. Il faut dire pourtant que ce sont les caravanes venant de l'Arabie heureuse qui ont le plus à souffrir des déprédations de ces barbares. Encore les attaques dirigées contre les caravanes deviennent-elles chaque jour plus rares, depuis que la bande de Zénodore tout entière, grâce aux sages dispositions des gouverneurs romains et à la protection permanente des légions cantonnées en Syrie, a pu être exterminée.

Strabon, *Géographie,* XVI, 2, 20,
traduction de M. Sartre

L'interdiction des réquisitions abusives

Victimes préférées des soldats et des fonctionnaires abusifs qui réquisitionnent hors de propos logement et vivres, les villageois organisés savent aussi se plaindre et obtenir gain de cause, comme ceux de Phaina qui se sont adressés au gouverneur de la Syrie, Iulius Saturninus (183-187 après J.-C.).

Iulius Saturninus aux gens de Phaina, métrokômia du Trachôn, salut. Si quelqu'un, soldat ou particulier, tente par la force de se faire héberger chez vous, faites-le moi savoir afin que je vous en protège. En effet vous n'avez pas à payer de contribution collective à des étrangers, et vous ne pouvez être forcés de recevoir des étrangers dans vos maisons puisque vous avez une hôtellerie. Placez cette lettre de moi dans un lieu bien en évidence de votre métrokômia, de sorte que personne ne puisse dire pour sa défense qu'il l'ignorait.

W.-H. Waddington, *Inscriptions grecques et latines de la Syrie,* Paris 1870, n° 2524

La richesse agricole de la Syrie

Blé, vigne, olivier, la trilogie méditerranéenne apparaît au premier plan des rares inscriptions de Syrie célébrant l'agriculture. L'inscription d'El-Bara dédiée à Bacchus est à l'intérieur d'une maison, au-dessus de l'orifice par lequel le raisin tombait dans le pressoir.

[L'empereur Elagabal] faisait porter des raisins d'Apamée dans les mangeoires de ses chevaux.

Histoire auguste. Vie d'Elagabal, 21, traduction d'André Chastagnol, Paris, Robert Laffont, 1994

Tu vois la liqueur semblable au nectar, les dons de Bacchus que la vigne a produits, que le soleil ardent a préparés.

El-Bara, VIe siècle après J.-C., *IGLS* IV, 1459

Un seul Dieu unique ! L'an 684, le neuvième jour de Dios, fut achevé le pressoir à huile.

Hass, 372 après J.-C., *IGLS* IV, 1509

Piété villageoise

Les temples païens, comme plus tard l'église sont le lien le plus solide entre les membres de la communauté. Si les dieux changent, les offrandes subsistent.

Sous le consulat de nos seigneurs Constantin Auguste pour la 6e fois et Claudius Constantinus Très Illustre César, Éternels Augustes, la cour et le sanctuaire pour notre maître Zeus Invincible Hélios, le dieu d'Aumos. Cassius Malichathos, du village de Rimea, de la tribu des Chasètènoi, et Paulos Maximinos, du village de Merdocha, de la tribu des Audènoi, ont élevé l'édifice depuis les fondations et le grand établissement, mettant leur propre temps à disposition sans compter, par la prévoyance d'Aumos et d'Amélathos, les fils des prêtres.

Deir al-Leben (Hauran), 320 après J.-C., *IGLS*, XVI, 25

Seigneur, souviens-toi de Flavios Libanios, fils de Léontios, et de ses enfants, car après en avoir fait vœu avec sa maisonnée, il a remis a neuf sa part de la mosaïque, l'an 466, au mois d'Hyperbérétaios, le 25e jour.

Rayan (Syrie du Nord), automne 417, *Supplementum Epigraphicum Graecum,* XX, 378-379

Palmyre

De la très longue existence de Tadmor-Palmyre, entre le moment où elle sert de refuge aux Araméens de l'Euphrate (XIIIe-XIIe siècle avant J.-C.) jusqu'à l'abandon des dernières maisons antiques au Xe siècle de notre ère, seuls émergent avec clarté, dans les ruines comme dans les textes, les trois premiers siècles de notre ère, qui marquèrent sans doute son apogée. Mais la découverte de la ville hellénistique et la fouille d'un souq et de maisons médiévales contribueront par la suite à restaurer son histoire dans la longue durée.

Le temple de Bel

On ne sait quand fut fondé le premier sanctuaire de Bôl-Bel, mais son emplacement ne changea sans doute pas.

Consécration du temple

Au mois de Tishri, l'an 357 [octobre 45], cette statue est celle de Lishamsh, fils de Taibbôl, fils de Shokhabêl, des Béné Komara, qui a dédié le temple aux dieux Bêl, Yarhibôl et 'Aglibôl, avec ses sanctuaires, le sixième jour, en Nisân, l'an 345 [6 avril 32]. Ses fils la lui ont élevée pour l'honorer.

J. Cantineau, *Inventaire des inscriptions de Palmyre,* IX, Beyrouth 1933, n° 1

Console honorifique pour Moqimô (mars 51)

La cité des Palmyréniens a érigé cette image de Moqimô fils de Ogeilô surnommé aussi Hokkaishô parce qu'il a été agréable à elle et aux dieux en faisant don au sanctuaire, de sa propre bourse, d'un vase à libations et d'un encensoir d'or de 150 deniers, de quatre patères [ciselées ?] en or de 120 deniers, d'un couvert et d'un coussin pour le lit. [le tout] acheté au prix de … deniers ; pour l'honorer et lui témoigner de la bienveillance ; l'an 362, au mois de Dystros.

J. Cantineau, *ibidem,* IX, n° 8

Le commerce caravanier de Palmyre

Il fallait aux Palmyréniens beaucoup d'habileté pour attirer dans le désert les marchands habitués à des routes plus aisées comme celle de la vallée de l'Euphrate. Offrant la sécurité et les moyens de transports, ils tirèrent bénéfice de leur situation sur la voie la plus courte entre la Mésopotamie et la Méditerranée.

Inscription en l'honneur de Malichos, fils de Nésha (novembre 24)

Au mois de Kânûn, cette statue de Malikhô, fils de Néshâ, fils de Bôlhâ, surnommé Hashash, des Benê Komarâ, lui a été élevée par tous les commerçants qui sont dans la ville de Babylone, parce qu'il les a favorisés de toute manière, qu'il a aidé à la construction du temple de Bel et qu'il a donné de sa bourse, chose que personne n'avait faite ; c'est pourquoi ils lui ont élevé cette statue pour l'honorer. [Texte en Palmyrénien.]

Malichos fils de Nésas fils de Bôlaas surnommé Asasos, de la tribu des Chomaréniens. Le peuple des Palmyréniens l'honore, pour sa bienveillance. [Texte en grec.]

J. Cantineau, *ibidem,* IX, n° 11

Inscription en l'honneur de Marcus Ulpius Iarhai (mars 157)

Marcus Ulpius Iaraios, fils d'Hairanos, fils d'Abgar, qui aime sa patrie. Les commerçants qui sont revenus de Scythie sur le navire de Onainos fils d'Haddudân fils de …, parce qu'il les a secourus et assistés avec beaucoup d'empressement, l'honorent, au mois de Dystros de l'an 468. [Texte grec.]

J. Starcky, *Inventaire des inscriptions de Palmyre,* X, Damas, 1949, n° 96

Les Princes de Palmyre

Dominée par de grandes familles qui se renouvellent rapidement, Palmyre jouit du statut de cité grecque, comme les autres villes de Syrie. Il fallut les circonstances exceptionnelles des invasions perses au milieu du IIIe siècle pour qu'Odeinat impose un pouvoir de nature plus princière que civique.

La situation étant dans un état désespéré en Orient, Gallien prescrivit à Odeinat, un Palmyrénien que les empereurs avaient jugé digne d'honneur à cause de ses ancêtres, d'y porter remède ; celui-ci adjoignit aux légions qui étaient restées dans la région tout ce qu'il put de ses propres forces et marcha énergiquement contre Sapor ; il s'empara de nouveau des villes qui étaient déjà occupées par les Perses, puis prit au premier assaut et détruisit de fond en comble Nisibe, qui était tombée aux mains de Sapor et favorisait le parti perse. Il s'avança lui-même jusqu'à Ctésiphon, non pas une seule fois, mais aussi une seconde, et bloqua chez eux les Perses, qui furent heureux de s'en tirer eux-mêmes avec leurs femmes et leurs enfants ; quant à lui, il remettait dans la mesure du possible de l'ordre dans les régions qui avaient été ravagées ; lorsque, au cours d'un séjour à Émèse, et alors qu'il célébrait quelque fête anniversaire, il eut été assassiné à la suite d'un complot, Zénobie s'empara du pouvoir dans cette région ; en tant que femme d'Odeinat, grâce à ses capacités viriles et à l'appui des compagnons de son mari, elle prit à gouverner un souci tout pareil.

Zosime, *Histoire nouvelle,* I, 39,
traduction de François Paschoud,
Les Belles-Lettres, Paris, 1971

Nous touchons maintenant le comble de la honte puisqu'au milieu de la crise de l'État on en arriva à voir, pendant que Gallien se conduisait odieusement, même des femmes gouverner de façon excellente et, qui plus est, des étrangères. En effet, une étrangère nommée Zénobie, qui se vantait d'être issue de la race des Cléopâtres et des Ptolémées, prenant la succession de son mari Odeinath, plaça sur ses épaules le manteau impérial, se para à la manière de Didon, se coiffa du diadème et, au nom de ses fils Herennianus et Timolaos, régna plus longtemps qu'il n'eût été séant pour une personne de son sexe.

Les Trente Tyrans, XXX, 1-2
in *Histoire Auguste. Les empereurs romains des IIe-IIIe siècles,*
traduction d'André Chastagnol,
Robert Laffont, Paris, 1994

Les dieux de Syrie

Curieux des dieux d'Orient et d'Égypte, les Grecs ont tôt établi des correspondances entre leurs propres dieux et ceux qu'ils découvraient. Sous l'Empire, la tendance à les assimiler les uns aux autres s'accentue. Ainsi, la Déesse syrienne par excellence, Atargatis, tend à être assimilée à la fois à Isis, Aphrodite, Cybèle, Rhéa ou Leucothéa. Mais ces spéculations d'intellectuels n'affectaient sans doute pas beaucoup les fidèles.

Adonis à Byblos

Adonis-Tammuz appartient à la catégorie des jeunes dieux victimes de l'amour insatisfait d'une déesse. Sa mort et son retour symbolisent le renouveau annuel de la végétation.

J'ai vu aussi à Byblos un grand sanctuaire consacré à Aphrodite Byblienne, dans lequel des fêtes se célèbrent en l'honneur d'Adonis. Je me suis fait instruire de ces fêtes. Les Bybliens racontent donc que l'accident qui, du fait d'un sanglier, survint à Adonis eut lieu dans leur pays, et qu'en mémoire de cet événement, ils se frappent chaque année, se lamentent, célèbrent des fêtes et mènent de grands deuils dans toute la contrée. Lorsqu'ils ont cessé de se frapper et de pleurer, ils célèbrent d'abord, comme s'il était mort, les funérailles d'Adonis ; puis le jour suivant, ils racontent qu'il vit, l'envoient en l'air, puis se rasent la tête comme les Égyptiens après la mort d'Apis. Quant aux femmes qui ne veulent point se tondre les cheveux, elles s'acquittent par une amende qu'elles recueillent ainsi : elles doivent être prêtes, durant un jour entier, à tirer profit de leur propre beauté. La place où elles se trouvent n'est accessible qu'aux seuls étrangers, et les salaires qu'elles se font deviennent une offrande pour Aphrodite.

Il y a quelques habitants de Byblos qui prétendent qu'Osiris d'Égypte est inhumé chez eux, et que ces deuils et ces fêtes ne sont pas célébrés en l'honneur d'Adonis, mais qu'ils le sont tous en l'honneur d'Osiris. Je vais donc dire d'où vient qu'à cet égard ils semblent avancer des choses dignes de foi. Une tête, chaque année, vient d'Égypte à Byblos en flottant, et traverse en sept jours la mer qui les sépare. Les vents la portent en ce divin voyage. Jamais elle ne dérive et elle aborde seulement à Byblos. C'est un miraculeux prodige. Il se produit chaque année ; il est survenu lorsque j'étais moi-même présent à Byblos, et j'ai pu contempler cette tête en papyrus.

On peut encore admirer un autre prodige sur le territoire de Byblos. C'est un fleuve qui, sortant du mont Liban, s'écoule dans la mer. On a conféré à ce fleuve le nom d'Adonis. Or, chaque année, ce fleuve s'ensanglante, et, ayant perdu sa coloration, s'épanche dans les flots, rougit une partie considérable du large et signale aux Bybliens le moment des deuils. On raconte que, dans ces mêmes jours, Adonis est blessé sur le Liban, et que son sang, en parvenant dans l'eau, change le fleuve et donne à son cours le surnom qu'il a. Tel est ce que rapportent la plupart. Mais un habitant de Byblos qui m'a semblé dire la vérité m'a donné une autre explication du phénomène. Il me dit ceci : « Le fleuve Adonis, étranger, traverse le Liban et la terre du Liban est extrêmement rousse. Des vents violents, qui se lèvent en ces jours, transportent dans le fleuve cette terre qui n'est, pour la plus grande part, qu'ocre vermillonnée, et cette terre donne au fleuve une couleur de sang. Ce n'est donc pas le sang, comme on le dit, qui est cause de ce phénomène : c'est le terrain. » Telle fut l'explication que me donna le Byblien. S'il parle selon la vérité, cette coïncidence du vent ne m'en paraît pas moins éminemment divine.

Pseudo-Lucien de Samosate,
La Déesse syrienne, VI-VIII,
traduction de Mario Meunier,
Paris, Éditions de la Maisnie, 1980

Héraklès-Melqart de Tyr

Melqart de Tyr fut sans doute le plus ancien dieu phénicien connu des Grecs, et aussitôt identifié à Héraclès. Arrien, au IIe siècle après J.-C., fait l'inventaire des traditions.

Il y a à Tyr le plus ancien sanctuaire d'Héraklès qui ait été conservé de mémoire d'homme ; mais il ne s'agit pas de l'Héraklès d'Argos, fils d'Alcmène. Celui-là était honoré à Tyr de nombreuses générations avant que Cadmos ne partît de Phénicie, n'occupât Thèbes et n'eût pour fille Sémélè, mère de Dionysos, le fils de Zeus. [...] Pour ce qui est de l'Héraklès honoré par les Ibères à Tartessos, où se trouvent les Colonnes nommées d'après lui, je pense que c'est l'Héraklès tyrien, parce que Tartessos est une fondation des Phéniciens, et que c'est selon la manière phénicienne que le temple de l'Héraklès de là-bas a été construit, et que sont offerts les sacrifices.

Arrien, *Anabase,* II, 16, 1 et 4,
traduction de Pierre Savinel,
Éditions de Minuit, 1984

Atargatis à Hiérapolis

De toutes les fêtes que j'ai vues, la plus solennelle est celle que les Syriens célèbrent au commencement du printemps. Les uns l'appellent la *Fête du bûcher;* les autres la *Fête des flambeaux*. Voici le sacrifice qu'ils font en l'occurrence. Ayant coupé de grands arbres, ils les dressent dans la cour, et amènent ensuite des chèvres, des brebis et d'autres têtes de bétail vivantes, qu'ils suspendent aux arbres. Ils y ajoutent des oiseaux, des étoffes, des objets en or et en argent. Lorsqu'ils ont terminé tous ces préparatifs, ils portent autour des arbres les idoles sacrées, mettent le feu au bûcher et tout s'embrase aussitôt. À cette solennité, une assistance nombreuse accourt de toute la Syrie et toutes les contrées d'alentour. Chaque peuple y apporte ses idoles sacrées et les figurations que s'en fait chaque peuple en imitant leurs formes.

Pseudo-Lucien de Samosate,
La Déesse syrienne,
traduction de Mario Meunier,
Paris, Éditions de la Maisnie, 1980

Des « athlètes de la foi » : les moines syriens

Si bien des saints originaires de Syrie furent honorés par l'Église universelle, ses moines suscitèrent à la fois étonnement et admiration par la violence de leurs convictions et la hardiesse de leur ascèse. Théodoret de Cyr (Kyrrhos, en Syrie du Nord), auteur prolifique dans la première moitié du Ve siècle, leur a consacré une œuvre destinée à édifier les fidèles et à susciter des vocations.

Au monastère de Téléda (entre Antioche et Alep)

L'Antiochène semble avoir été une pépinière de monastères, dont il reste encore d'innombrables vestiges à proximité des villes mortes du Massif Calcaire.

L'admirable Ammianos et Eusèbe étaient assis sur un rocher ; l'un lisait l'histoire des divins Évangiles et l'autre lui indiquait le sens des passages obscurs. Or, des cultivateurs labouraient la terre dans la plaine située au-dessous d'eux ; le grand Eusèbe tourna vers elle ses regards. Mais Ammianos l'inspiré, qui avait lu un passage d'Évangile, en attendait l'interprétation ; le grand Eusèbe le pria de reprendre sa lecture, mais Ammianos lui dit : « Naturellement, tu ne m'as pas entendu, puisque tu t'amusais à regarder les laboureurs. » Alors Eusèbe imposa à ses yeux de ne plus jamais regarder cette plaine, ni de jouir de la beauté du ciel et du chœur des astres, mais il prenait un sentier très étroit, qui n'était, dit-on, pas plus large que la main, pour se rendre à la maison de prière, et ne consentit plus à s'en écarter. Or, on affirme qu'après s'être imposé cette règle, il vécut plus de quarante ans. Et pour accompagner sa décision de quelque contrainte qui la lui rappelât, il s'était passé une ceinture de fer autour des reins, il s'était entouré le cou d'un carcan très lourd et, avec une autre chaîne de fer, il avait relié la ceinture au carcan, afin que, par ce moyen, toujours penché vers le sol, il fût contraint de regarder continuellement la terre. Voilà la punition qu'il s'infligea pour avoir regardé ces cultivateurs.

Théodoret de Cyr,
Histoire Philothée, IV, 6,
traduction de P. Canivet
et A. Leroy-Molinghen,
Paris, Le Cerf, 1977

Quant à Abba, il a passé là trente-huit ans, avec autant de désir de travailler que s'il venait tout juste de s'y mettre. Par exemple, jusqu'à ce jour, il ne s'est jamais chaussé ; quand il gèle, il s'installe à l'ombre, aux grosses chaleurs, il s'expose au soleil et en accueille les feux comme une brise de zéphyr. Durant tout ce temps, il s'est refusé à boire de l'eau, bien qu'il ne prenne pas de ces aliments dont on use d'ordinaire quand on s'abstient de boire, par exemple une nourriture plus riche en eau ; mais il mange comme tout le monde, en prenant fort peu de chose, juste de quoi s'assurer un peu de force, et il trouve superflu de boire. Malgré la lourde chaîne qu'il porte autour des reins, il s'asseoit rarement ; c'est debout, la majeure partie du jour ou de la nuit, ou à genoux qu'il offre sa prière au Maître ; quant à se coucher, il y a complètement renoncé et le fait est que personne, jusqu'à ce jour, ne l'a vu allongé.

Théodoret de Cyr,
ibidem, IV, 12

Saint Siméon le Stylite

Le plus célèbre des moines de Syrie méditait debout sur une colonne autour de laquelle on édifia le plus vaste monastère de Syrie.

Dans son ambition d'augmenter sans cesse son trésor de vertu, il eut envie, à l'exemple de Moïse et Elie, ces hommes divins, de rester quarante jours sans manger. Il essaie de persuader alors l'admirable Bassos, qui faisait à ce moment-là la tournée des bourgs pour visiter les prêtres de campagne, de ne rien laisser chez lui et de bloquer sa porte avec un enduit de boue. Mais, comme l'autre lui faisait remarquer la difficulté de l'entreprise et l'exhortait à ne pas prendre le suicide pour une vertu, car c'est le plus grand et le premier des crimes, « Eh bien, Père, dit-il, mets-moi de côté dix pains et une cruche d'eau, et si je vois que mon corps a besoin de nourriture, j'en ferai usage ». Il fut fait comme il le demandait : les vivres furent déposés, la porte reçut son enduit de boue. Au bout des quarante jours, cet admirable homme de Dieu qu'était Bassos arriva et, quand il eut retiré l'enduit et franchi la porte, il trouva le compte des pains, il trouva la cruche d'eau encore pleine ; quant à Syméon, il était effondré, sans souffle, incapable de faire entendre un son ni de faire un mouvement. Bassos fit donc chercher une éponge, pour lui mouiller et lui rincer la bouche, et lui fit absorber les symboles des divins mystères.

Théodoret de Cyr,
ibidem, XXVI, 7

Ce ne sont pas seulement les habitants de notre Empire qui affluent, mais encore les Ismaélites [...], les Perses et les Arméniens qui leur sont assujettis, les Ibères [...], les Homérites [...] et les peuples qui sont encore plus à l'intérieur que ceux-ci. Il vient aussi beaucoup d'habitants de l'extrême Occident, des Espagnols, des Bretons et des Gaulois qui occupent l'entre-deux. Quant à l'Italie, il est en effet superflu d'en parler, puisque, dans Rome la grande, [Siméon] est devenu, dit-on, si célèbre qu'à l'entrée de toutes les boutiques on lui a dressé de petits portraits sur une colonne pour assurer par là aux habitants une sorte de sauvegarde et de protection.

Les visiteurs venaient donc en nombre incalculable, tous essayaient de le toucher et de récolter quelque bénédiction au contact de ses fameux manteaux de peau. Au début, il trouva cet excès d'honneur déplacé, puis la chose lui causant même une fatigue insupportable, il imagina de se tenir debout sur la colonne. Il la fit d'abord tailler de six coudées, ensuite de douze, après cela de vingt-deux, et maintenant de trente-six : car il aspire à s'envoler vers le ciel et à quitter ce terrestre séjour.

Théodoret de Cyr,
ibidem, XXVI, 11-12

BIBLIOGRAPHIE

Asad (Khaled) et Yon (Jean-Baptiste), *Inscriptions de Palmyre. Promenades épigraphiques dans la ville antique de Palmyre,* Beyrouth, IFAPO, 2001.

Balty (Janine), *Apamée de Syrie. Bilan des recherches archéologiques 1973-1979. Aspects de l'architecture domestique d'Apamée,* Bruxelles, 1984.

Balty (Janine), *Mosaïques antiques de Syrie,* Bruxelles, 1977.

Balty (Janine), *Mosaïques antiques du Proche-Orient,* Paris, Les Belles Lettres, 1995.

Balty (Jean-Charles), *Guide d'Apamée de Syrie,* Bruxelles, 1981.

Binst (Olivier) dir., *Le Levant. Histoire et archéologie du Proche-Orient,* Cologne, Könemann, 2000.

Bonnet (Corinne), *Melqart. Cultes et mythes de l'Héraklès tyrien en Méditerranée,* Leuven-Namur, 1988.

Briquel-Chatonnet (Françoise), « Les derniers témoignages sur la langue phénicienne en Orient », *Rivista dei Studi Fenici,* 19, 1991, pp. 3-21.

Campbell (Sheila), *The Mosaics of Antioch,* Toronto, 1988.

Canivet (Pierre) et Rey-Coquais (Jean-Paul) dir., *La Syrie de Byzance à l'Islam,* Damas, 1992.

Castel (Corinne), Maqdissi (Michel) et Villeneuve (François) éd., *Les maisons dans la Syrie antique du IIIe millénaire aux débuts de l'Islam,* Beyrouth, IFAPO, 1997.

Collinet (Paul), *L'École de droit de Beyrouth,* Paris, 1923.

Degeorge (Gérard), *Palmyre,* Paris, 2002.

Dentzer (Jean-Marie) éd., *Hauran I,* 2 vol., Paris, Geuthner, 1985.

Dentzer (Jean-Marie) et Orthmann (Winfried) dir., *Histoire et archéologie de la Syrie, II. La Syrie de l'époque achéménide à l'avènement de l'Islam,* Sarrebrück, Saarbrücker Druckerei und Verlag, 1989.

Dodinet (Michel), Leblanc (Jacques), Vallat (Jean-Pierre) et Villeneuve (François), « Le paysage antique de la Syrie : l'exemple de Damas », *Syria,* 67, 1990, pp. 339-355.

Downey (Glanville), *A History of Antioch,* Princeton, 1961.

Drijvers (Hendrik J. W.), *Cults and Beliefs at Edessa,* Leyde, Brill, 1980.

Festugière (André-Jean), *Antioche païenne et chrétienne,* Paris, De Boccard, 1959.

Frézouls (Edmond) éd., *Sociétés urbaines, sociétés rurales dans l'Asie Mineure et la Syrie hellénistiques et romaines,* Strasbourg, 1987.

Gatier (Pierre-Louis), « Villages et sanctuaires en Antiochène autour de Qalat Kalota », *Topoi,* 1997, p. 751-775.

Isaac (Benjamin), *The Limits of the Empire. The Roman Army in the East,* Oxford, 1991.

Kraeling (Carl H.), *Doura Final Report, VIII.1 : The Synagogue,* New Haven, 1956.

Kuhrt (Amélie) et Sherwin-White (Susan) éd., *Hellenism in the East : The Interaction of Greek and Non-Greek Civilisations from Syria to Central Asia after Alexander,* Londres, Duckworth, 1987.

Leblanc (Jacques) et Poccardi (Grégoire), « Étude de la permanence des tracés urbains et ruraux antiques à Antioche sur l'Oronte », *Syria,* 76, 1999, pp. 91-110.

Leriche (Pierre) dir., *Doura-Europos. Études, I-IV,* Paris, IFAPO, 1986-1997.

Levi (Doro), *Antioch Mosaic Pavements,* 2 vol., Princeton, 1947.

Liban, l'autre rive, Paris, IMA-Flammarion, 1998.

Milik (Jean-T.), *Dédicaces faites par des dieux,* Paris, Geuthner, 1973.

Millar (Fergus), *The Roman Near East (31 BC-AD 337),* Cambridge (Mass.)-Londres, Harvard University Press, 1993.

Mouterde (René) et Jauffray (Jean), *Beyrouth, ville romaine,* Beyrouth, 1966.

Palmyra and the Silk Road, Damas, 1996.

Poidebard (Antoine) et Lauffray (Jean), *Sidon, aménagements antiques du port de Saïda,* Beyrouth, 1951.

Poidebard (Antoine), *Un grand port disparu, Tyr,* Paris, Geuthner, 1939.

Pollard (Nigel), *Soldiers, Cities and Civilians in Roman Syria,* Ann Arbor, University of Michigan Press, 2000.

Rey-Coquais (Jean-Paul), *Arados et sa pérée aux époques grecque, romaine et byzantine,* Paris, Geuthner, 1974.

Sanders (Donald H.), *Nemrud Dagh : The hierothesion of Antiochus I of Commagene,* Winona Lake (Ind.), Eisenbrauns, 1996.

Sartre (Maurice), *D'Alexandre à Zénobie. Histoire du Levant antique, IVe s. av. J.-C.-IIIe s. ap. J.-C.,* Paris, Fayard, 2001.

Sartre-Fauriat (Annie), « Palmyre de la mort de Commode à Nicée (192-325 apr. J.-C.) », in Y. Le Bohec, *L'Empire romain de la mort de Commode à Nicée (192-325 apr. J.-C.),* Paris, Éditions du Temps, 1997, pp. 251-278.

Sartre-Fauriat (Annie), *Des tombeaux et des morts. Monuments funéraires, société et culture en Syrie du Sud du Ier s. av. J.-C. au VIIe s. apr. J.-C.,* 2 vol., Beyrouth, IFAPO, 2001.

Schlumberger (Daniel), *La Palmyrène du Nord-Ouest,* Paris, Geuthner, 1951.

Schmidt-Colinet (Andreas), *Palmyra : Kulturbegegnung in Grenzbereich,* Mayence, Philipp von Zabern, 1995.
Segal (Judah B.), *Edessa, the Blessed City,* Oxford, 1970.
Seyrig (Henri), Amy (Robert) et Will (Ernest), *Le Temple de Bel à Palmyre,* Paris, Geuthner, 1968-1975.
Seyrig (Henri), *Antiquités syriennes,* 6 vol., Paris, Geuthner, 1934-1958.
Soyez (Brigitte), *Byblos et le rituel des Adonies,* Leyde, Brill, 1977.
Starcky (Jean) et Gawlikowski (Michel), *Palmyre,* Paris, 1986.
Syrie, mémoire et civilisation, IMA-Flammarion, 1993.
Tate (Georges), *Les Campagnes de la Syrie du Nord du IIe au VIIe siècle,* Paris, Geuthner, 1992.
Tchalenko (Georges), *Villages antiques de la Syrie du Nord,* Paris, Geuthner, 1955-1958.
Teixidor (Javier), *The Pantheon of Palmyra,* Leyde, Brill, 1979.
Teixidor (Javier), *Un port romain du désert, Palmyre,* Paris, Semitica, 1994.
Von Ess (Margaret) et Weber (Thomas), *Baalbek. Im Bann römischer Monumentalarchitektur,* Mayence, Philipp von Zabern, 1999.
Will (Ernest), « Damas antique », *Syria,* 71, 1994, pp. 1-43.
Will (Ernest), *Les Palmyréniens. La Venise des sables,* Paris, Armand Colin, 1992.

TABLE DES ILLUSTRATIONS

COUVERTURE

OUVERTURE

CHAPITRE 1

Damas, Musée national.
28b Monnaie parthe à l'effigie de Mithridate Ier. Paris, BnF.
29 Arsou, dieu guerrier d'origine arabe, IIe s. apr. J.-C., bas-relief provenant du temple de Zeus Megistos à Doura-Europos. Yale University Art Gallery.
30 Pompée, 70 av. J.-C., copie romaine d'un archétype grec, marbre. Paris, Musée du Louvre.
31 Statue d'homme vêtu d'une cuirasse romaine, vers 200 apr. J.-C., basalte. Musée de Soueïda.
32 À la tête de ses légionnaires, le tribun Terentius sacrifiant aux divinités palmyréniennes, 1re moitié du IIIe s., peinture murale provenant du temple de Bel à Doura-Europos. Yale, University Art Gallery.
34-35 Le roi sassanide Shapûr Ier recevant la reddition de l'empereur Valérien, 259-260 apr. J.-C., Iran, falaise de Naqsh i-Rustan.
36h Zénobie, tétradrachme en cuivre argenté frappé à Alexandrie en 272. Paris, BnF.
36b Relevé d'après un graffiti de Doura-Europos présentant une scène de chasse dite « fresque sassanide ».
37 Vue des remparts de Halabiyyeh sur l'Euphrate.
38 Linteau du tombeau d'Imru'al-Qays de Nemara (Syrie du Sud), 328 apr. J.-C., basalte. Paris, Musée du Louvre.
39 Vue aérienne du palais et de l'église de Qasr ibn Wardan, édifiés vers 560 près de Hama.

CHAPITRE 2

40 Vue de la grande colonnade de Palmyre à travers l'arc monumental.
41 Tychè d'Antioche et fleuve Oronte, Ier-IIe s. apr. J.-C., bronze provenant de Tartous.
42h Inscription grecque provenant de Danaba dans le Hauran.
42b Figurines représentant des musiciennes jouant de la cithare, époque hellénistique, terre cuite. Beyrouth, Direction générale des Antiquités.
43 Stèle funéraire peinte représentant un mercenaire grec, IIe s. av. J.-C., provenant de Sidon. Istanbul, Musée archéologique.
45h Vue de la ville d'Alexandrie, aquarelle de Jean-Claude Golvin.
45b Vue aérienne de la ville de Doura-Europos sur l'Euphrate.
46 Stèle funéraire de Robia, époque hellénistique, calcaire peint. Beyrouth, Direction générale des Antiquités.
47 Sarcophages anthropomorphes provenant de Sidon. Beyrouth, Musée archéologique national.
48h Tombeau hellénistique de Hermel, au nord de la Beqaa, Liban, IIe-Ier s. av. J.-C.
48b Stèle funéraire évoquant les qualités d'un « pédagogue », IIIe-IVe s. apr. J.-C., calcaire stuqué et peint. Paris, Musée du Louvre.
49 Stèle funéraire, IIIe-IVe s. après J.-C., basalte. Damas, Musée national.
50 Relevé de l'épitaphe de Quirinius, 6 apr. J.-C.
51 Reconstitution de la ville d'Antioche à la fin de l'Antiquité, aquarelle de Jean-Claude Golvin.
52-53 Grande colonnade d'Apamée, vue du sud.
54-55 Théâtre de Bostra, IIe s. apr. J.-C.
56 Façade de la « maison aux Consoles », Apamée.
57 Mosaïque du *triclinium* de la « maison aux Colonnes bilobées », 2e moitié du IIIe s. apr. J.-C., Apamée.
58 La déesse Téthys, 2e moitié du IVe s. apr. J.-C., mosaïque provenant de Shahba-Philippopolis. Musée de Shahba.
59h Scène mythologique avec Gè, Aiôn et Prométhée, 2e moitié du IIIe s. apr. J.-C., mosaïque provenant de Shahba-Philippopolis. Damas, Musée national.
59b *L'Été*, détail de la mosaïque des quatre saisons provenant de Daphné, IIe s. Musée d'Antioche.
60 Julia Domna, début du IIIe s. apr. J.-C., marbre. Rome, Musée du Capitole.
61 Scène de concert, détail de la mosaïque des Musiciennes ornant le sol du *triclinium* d'une villa découverte à Mariamin (Syrie), fin du IVe s. Musée de Hama.
62h Nécropole de Tyr.
62-63 Tombeau romain provenant de Tyr. Beyrouth, Musée national.
63 Palmyre, vallée des tombeaux avec à l'arrière-plan à droite, la tour de Jamblique.
64b Peintures murales d'un tombeau provenant de Tyr, IIe s. apr. J.-C. Beyrouth, Musée national.
64h Détail montrant Héraklès et Alceste, *ibidem.*
65 Victoires ailées supportant les bustes des défunts, détail des peintures de l'hypogée des Trois-Frères à Palmyre, vers 140 apr. J.-C .
66 Intérieur de l'hypogée de Iarhai à Palmyre, reconstitution. Damas, Musée national.
67h Relief représentant un convive lors d'un banquet, IIIe s. apr. J.-C., calcaire. Musée de Palmyre.
67b Buste funéraire d'un caravanier, Hayran, 1ère moitié du IIIe s. apr. J.-C., calcaire. Damas, Musée national.

CHAPITRE 3

68 Musiciennes portées par un chameau, époque romaine, provenant de la région de Damas. Paris, Musée du Louvre.
69 Navire de charge. Musée de Palmyre.
70-71 Tissu de laine de production locale

CHAPITRE 4

CHAPITRE 5

106 Maquette de l'adyton du temple de Niha (Liban), IIe s. apr. J.-C., calcaire. Beyrouth, Direction générale des Antiquités.
107 Vue du sanctuaire de Sfiré (Liban).
108 Statuette de Jupiter Héliopolitain, Ier s. apr. J.-C., bronze et cuivre. Paris, Musée du Louvre.
109h Reconstitution du sanctuaire de Jupiter à Baalbek, aquarelle de Jean-Claude Golvin.
109b Représentation d'un sanctuaire, monnaie provenant de Byblos. Paris, BnF.
110h Exèdres, temple de Jupiter à Baalbek.
110b Temple dit « de Bacchus » à Baalbek.
111 Colonnes du temple de Jupiter à Baalbek.
112h Femmes suivant une procession, relief figurant sur l'une des poutres du temple de Bel à Palmyre.
112-113 Temple de Bel à Palmyre.

CHAPITRE 6

114 Intérieur de l'église de Qalblozé dans le Massif Calcaire, milieu du Ve s.
115 Plaque de chancel figurant l'adoration des mages, pierre, VIe s. (?). Musée de Damas.
116 Moïse, détail des peintures murales de la synagogue de Doura-Europos, vers 246 apr. J.-C. Damas, Musée national.
117 Vue de l'angle N-O de la synagogue de Doura-Europos, *id.*
118 Plaque de reliure représentant saint Paul, ivoire, fin VIe-VIIe s. Paris, Musée de Cluny.
119h Philippe l'Arabe, IIIe s. apr. J.-C., marbre blanc, provenant de Shahba-Philippopolis. Musée de Shahba.
119b Intérieur de la maison des chrétiens à Doura-Europos.
120b Cuve baptismale portant une inscription syriaque, époque byzantine, provenant de Syrie du Nord. Musée national d'Alep.
121h Depuis la nef centrale, vue de l'intérieur de la basilique Saint-Serge à Résafa consacrée en 559.
121b Plan de la basilique Saint-Serge à Résafa, extrait de Thilo Ulbert, *Résafa II*, Mayence, 1986.
122-123 Vue aérienne du monastère de Saint-Siméon.
124h Façade de la basilique sud du sanctuaire de Saint-Siméon, fin du Ve s.
124b Baptistère de Saint-Siméon.
125 Vestiges de la colonne de Saint-Siméon.
126 Saint Siméon le Stylite, fin du Ve s., plaque provenant d'un coffre à reliques, argent doré. Paris, Musée du Louvre.
127 Liste des moines d'un couvent monophysite, VIe s., stèle en calcaire provenant de Bir El Gantari, au nord de Raqqa. Damas, Musée national.
128 Mosaïque de la mosquée des ommeyyades à Damas, début du VIIIe s.

TÉMOIGNAGES ET DOCUMENTS

129 Dédicace d'une porte en l'honneur de Zeus Kyrios, provenant de Sanamein (Syrie du Sud), et datée du règne d'Agrippa II, l'an 92 apr. J.-C.
131 Ruines d'un temple à Bostra, dessin de Boudier d'après une photographie, in *Le Tour du Monde*, « Voyage en Syrie et en Mésopotamie », n°30, 29 juillet 1899. Coll. part.
132 Ruines d'Atils dans le Hauran, *ibidem*.
135 Vestiges du mur d'enceinte et des tours de la partie sud d'Antioche, détail d'une gravure de F. Cassas, 1799. Coll. part.
136 Vue romantique de Palmyre : visite à la tour de Kitot, gravure de F. Cassas, 1799. Coll. part.
158 Antioche, gravure du XVIIIe s., Paris, BnF.

INDEX

A

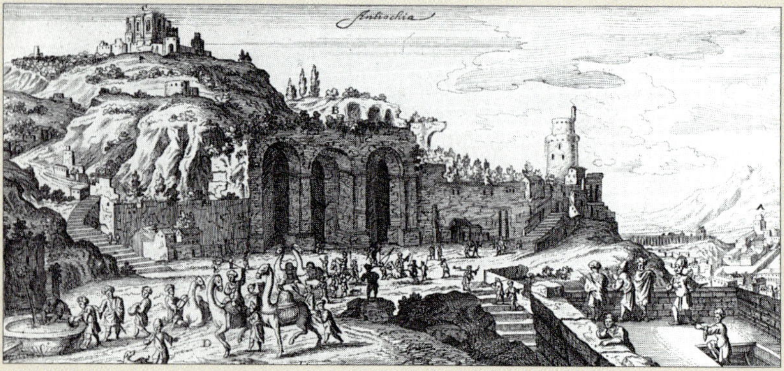
Antiochia

CRÉDITS PHOTOGRAPHIQUES

AKG Paris/Werner Forman 19b ; AKG Paris/Jean-Louis Nou Paris 59h, 66 ; Mohamad Al-Roumi 28h, 61, 76, 77, 86, 88, 95h, 120b ; Archives Gallimard 23b, 131, 132 ; Artephot/R. Percheron 117 ; Jean-Charles Balty 56, 57 ; Beyrouth, Bibliothèque orientale de l'Université Saint-Joseph 75h ; Sylvie Blétry 112h ; BnF, Paris 21h, 24b, 28b, 36h, 83, 109b, 158 ; Bridgeman/Giraudon 24h ; Anne Chauvet 84 ; Coll. auteur dos, 37, 42h, 48h, 90, 92-93, 98, 107, 121h, 129 ; Coll. part. 135, 136 ; Corbis/Araldo de Luca 22-23 ; Dagli Orti 12, 16, 20-21, 59b, 64b, 101h, 127 ; Gérard Degeorge 40, 52-53, 54-55, 58, 60, 63, 65, 79, 103, 110b, 116, 124b, 125 ; D.R. 36b, 50, 119b,121b ; EPL-Distr. RMN/Ch. Larrieu 17b, 73d, 100 ; Ferrante Ferranti 1er plat, 1-9, 111, 128 ; Anwar Abdel Ghafour/Centre culturel du Panthéon 71b, 81h, 85, 102 ; Jean-Claude Golvin/Editions Errance 45h, 51, 94b, 109h ; Hoa-Qui/N. Cuvelier 27 ; Istanbul, Musée archéologique 43 ; D. Jochaud/Gallimard 160 ; Pierre Leriche, avec l'autorisation du Musée de Yale 29, 32 ; Jacques Lessard/Musée de la Civilisation du Québec 31 ; Magnum/Collection Lessing Photos 47 ; Philippe Maillard 18, 42b, 46, 49, 67b, 72, 73g, 74-75, 80, 82, 87, 96, 97, 99, 105, 106, 115, 119h ; Rapho/Georg Gerster 15, 39, 45b, 91, 122-123 ; RMN 19h, 68, 108, 118 ; RMN/Chuzeville 17h, 25 ; RMN/Ch. Larrieu 38 ; RMN/Hervé Lewandowski 4e plat, 11, 13, 30, 41, 48b, 101b, 126 ; RMN/J. Schormans ; Jeanet 14 ; RMN/Peter Willi 89 ; Andreas Schmidt-Colinet 70-71 ; Sa'ad Fansa 81b ; Siny Most/Ermitage 78 ; Sonia Halliday Photographs/Jane Taylor 26 ; Anne Stierlin 67h ; Henri Stierlin 34-35, 62h, 62-63, 64h, 69, 104, 110h, 112-113, 114, 124h.

REMERCIEMENTS

L'auteur et l'éditeur remercient tout particulièrement Mohamad Al-Roumi, Khaled Asad, Jean-Charles et Marc Balty, Sylvie Blétry, Claire Balladur, Thelma et Robert Daoud, Rüdiger Gogräfe, Hassan Hatoum, Jean-Marc Hofman, Maryse Hubert, Pierre Leriche, Philippe Maillard, Marie-Dominique Nenna, Annie Sartre-Fauriat, Andreas Schmidt-Colinet, Henri Stierlin et Jean-Baptiste Yon.

ÉDITION ET FABRICATION

DÉCOUVERTES GALLIMARD
COLLECTION CONÇUE PAR Pierre Marchand
DIRECTION Élisabeth de Farcy
COORDINATION ÉDITORIALE Anne Lemaire
GRAPHISME Alain Gouessant
COORDINATION ICONOGRAPHIQUE Isabelle de Latour
SUIVI DE PRODUCTION Fabienne Brifault-Dandé
SUIVI DE PARTENARIAT Madeleine Gonçalves
PROMOTION & PRESSE Flora Joly et Pierre Gestède

LA SYRIE ANTIQUE
ÉDITION Laurent Lempereur
MAQUETTE ET MONTAGE Vincent Lever
ICONOGRAPHIE Clémence Grillon
LECTURE-CORRECTION Pierre Granet et Jocelyne Marziou
PHOTOGRAVURE André Michel

Professeur d'Histoire ancienne à l'Université François-Rabelais (Tours) et membre de l'Institut universitaire de France, Maurice Sartre a consacré l'essentiel de son activité scientifique à l'étude de la Méditerranée orientale hellénisée. Engagé dans la publication du corpus des *Inscriptions grecques et latines de la Syrie* dont il a publié les volumes relatifs à Bostra (1982) et à Pétra (1993), il est l'auteur de *L'Orient romain. Provinces et sociétés provinciales en Méditerranée orientale d'Auguste aux Sévères*, Le Seuil, 1991, de *L'Asie Mineure et l'Anatolie d'Alexandre à Dioclétien*, Armand-Colin, 1995, et de *D'Alexandre à Zénobie. Histoire du Levant antique (IVe s. av. J.-C.-IIIe s. apr. J.-C.)*, Fayard, 2001.

Dépôt légal : novembre 2002
Numéro d'édition : 10613
ISBN : 2-07-076497-4
Imprimerie Pollina Luçon, France
Numéro d'impression : L87940